実務が必ずうまくいく

中学校長の仕事術 55の心得

玉置 崇 著
Tamaoki Takashi

明治図書

はじめに

　管理職選考で，「校長の職務について説明しなさい」という質問があれば，学校教育法に基づいて，「校長は，校務をつかさどり，所属職員を監督することが職務です」と答える方がほとんどでしょう。
　しかし，「『校務をつかさどる』とは具体的にどのようなことなのだろうか。どうもいまひとつはっきりしない」と思われる方も多いのではないでしょうか。「所属職員を監督する」という文言の解釈についても，同様だと思います。

　まず，校長の手本としてだれもが思い浮かべるのは，自身が仕えてきた校長だと思います。特に副校長（教頭）時代に仕えた校長は直近なので，大いに参考になると思います。私も校長になる前はこのように思っていました。
　ところが，いざ校長になってみると，校長を一番間近で見ていたはずなのに，どのように仕事をしていたのかが，なかなか思い出せないのです。冷静に考えてみると，執務は校長室でされていたので，実際に目にする機会はなく，当然，思い出そうにも思い出せないのです。

　新任校長のときでした。先輩校長から，「人事の季節が近づいてきたね。資料をもとに教職員とコンパクトに面接しないと，あなたの学校は人数が多いから時間がかかってしまうよ」と言われたのですが，「資料をもとに」という言葉で，ドキッとしました。恥ずかしい話ですが，そのときは「面接のための資料は，市教委からいつ配付されたのだろうか。どこかに保管したに違いないが，その場所が思い出せない」という状態でした。
　面談を始めて気づいたのですが，先輩校長がおっしゃっていた資料とは，校長自身が履歴書等をもとに作成した教職員の詳細資料のことでした。このことは，面接で教職員から気づかされました。
　「校長先生，私は定年まであと８年です。この学校で定年を迎えられるほ

ど長くはいられないと思います。校長先生は，私のことをどのように考えておられますか」
という質問を受けたのです。

　私は背中に冷や汗をかきました。実は，この教職員の定年までの年数も明確に知らなければ，これまでの歴任校，担当してきた主な校務分掌なども把握していなかったのです。

　やむを得ず「先生はこの学校に何年おられるのですか」と質問しました。職員は「7年目になります」と答えてくれましたが，自分が逆の立場なら，「校長はこんなことも知らないで面接をしているのか。やはり新任校長は…」と思ったに違いありません。

　「あのとき，先輩校長に資料についてしっかり聞いておけばよかった…」と後悔しました。同時に，「校長としてやっておかなければならない大切な仕事を他にも忘れているのではないだろうか」と不安に襲われたことを鮮明に覚えています。そして，校長の仕事術本がほしいと強く思ったものです。

　この『中学校長の仕事術　55の心得』では，6年間の校長職と教育事務所長として校長先生方を指導・助言してきた経験をもとに，「実務がうまくいく」ためのノウハウを記しました。また，校長がどのように働きかけると学校が活性化し，生徒，保護者，教職員から信頼される校長となることができるのかなど，校長としてのあり方も書きました。

　校長職を辞して，校長職の大変さをつくづく感じています。この書籍で少しでも仕事のストレスを減らしていただきたいという願いも込めました。

2016年1月

玉置　崇

Contents

はじめに

第1章　学校経営の基礎がため

1　学校経営案をつくるときのかまえ——10
2　過去の自校や他校の学校経営案に学ぶ——12
3　職員の情報は名簿作成でインプット——14
4　学校組織を精査する——16
5　学校評価は小刻みに——18
6　校長の思いを伝える場を確保する——20

使える 校長講話　ＡＢＣＤの原則【入学式式辞（4月）】——22

第2章　組織力を高める職員とのつながり方

7　副校長とのつながり方——24
8　教務主任とのつながり方——26
9　学年主任とのつながり方——28
10　事務職員とのつながり方——30
11　ミドルリーダーとのつながり方——32
12　若手教師とのつながり方——34

使える 校長講話　キャベツの芯を育てる【始業式式辞（4月）】——36

第3章 職員の授業力の伸ばし方

- 13 授業者に嫌がられない授業観察法——38
- 14 「よいところ見つけ」で若手教師を伸ばす——40
- 15 個別指導で若手教師を伸ばす——42
- 16 同行授業訪問で若手教師を伸ばす——44
- 17 研究授業の検討会を充実させる——46
- 18 外部指導者の招聘による学校経営診断——48

使える 校長講話 聞くから聴く，そして訊くへ【集会講話（5月ごろ）】——50

第4章 学校を元気にする特色ある取り組み

- 19 ゲスト道徳——52
- 20 ミニミニ講演会——54
- 21 スマホ勉強会——56
- 22 親子で学ぶ講座——58
- 23 夜の作品鑑賞会——60
- 24 あいさつカード——62
- 25 まなびノート——64
- 26 「授業を語る」プロジェクト——66
- 27 「掲示物刷新」プロジェクト——68
- 28 1人1台情報端末の授業——70

使える 校長講話 18と体【集会講話（6月ごろ）】——72

第5章 法規に基づくリスクマネジメント

29 過去の校長会資料から「法規ノート」をつくる——74
30 起こりやすい問題を想定したシミュレーション研修会——76
31 不祥事には「自校で起こったら…」という意識で備える——78
32 不祥事の防止は様々な方法で——80

使える 校長講話 使ってはいけない言葉【集会講話（9月ごろ）】——82

第6章 保護者，地域の信頼を獲得する学校広報

33 学校を「広報する」という概念をもつ——84
34 情報を確実に保護者に届ける工夫——86
35 ホームページは学校広報の最適ツール——88
36 ホームページをフル活用する——90
37 緊急連絡メールを活用する——92
38 小刻みな学校評価と公表——94

使える 校長講話 文化は受け取る側がつくる【文化祭閉会式講話（11月ごろ）】
——96

第7章 校長ならではの生徒とのかかわり方

- 39 生徒の名前と顔を覚える———98
- 40 教室や部活動訪問を楽しむ———100
- 41 生徒が訪問したくなる校長室をつくる———102
- 42 生徒を鍛える校長になる———104
- 43 ホームページに生徒を登場させる———106

使える 校長講話 授業時間と２時間20分【集会講話（12月ごろ）】———108

第8章 PTA，地域との関係の築き方

- 44 事前相談で関係を構築する———110
- 45 PTAと課題を共有する———112
- 46 教育の話を保護者にわかりやすく伝える———114
- 47 地域コーディネーターを活用する———116
- 48 広報活動に出かける———118

使える 校長講話 一所懸命と一緒懸命【集会講話（1月ごろ）】———120

第9章 学校経営力を高める校長の修養術

- 49 同職と悩みを共有する研究会を立ち上げる———*122*
- 50 異業種の方から学ぶ———*124*
- 51 地域事業に参加する———*126*
- 52 趣味を深める，生かす———*128*

使える 校長講話 3.11追悼「伝える・受け止める」【集会講話（3月ごろ）】
———*130*

第10章 校長実務の必需品

- 53 時系列で書類を保管する封筒———*132*
- 54 スキャナー＋クラウドサービス———*134*
- 55 3台の電子辞書———*136*

使える 校長講話 ABCDの原則と命を大切に【卒業式式辞（3月）】———*138*

おわりに

第1章
学校経営の基礎がため

「いい学校をつくりたい」
校長であればだれもが思うことです。
　まずは学校経営案に自分の思いを入れましょう。ほんのちょっぴりでいいのです。
　過去の自校や，他校の学校経営案を眺めてみるとよいでしょう。長年の教師経験がありますから，何かしら，ふと思いつくものです。直感とも言える思いを大切にしましょう。そして，少しずつ自分の色を出していきましょう。
　ここではその思いを基にした学校経営の基礎がための方法を紹介します。

Chapter 1

第1章
学校経営の
基礎がため

1 学校経営案をつくるときのかまえ

校長が教育目標，重点努力目標を決めてから作成スタート。
学校経営案は職員が分担してつくる。
校長はすべてに目を通して総責任を負う。

☑ 学校経営案作成は教育目標からスタート

　当たり前のことを見出しにしましたが，この当たり前のことが行われているかどうか怪しい学校があるので，わざわざ記しました。

　校長の中には，「教育目標は，基本的には変わるものではないので昨年通りでいいよ。経営案の残り（と言ってもほとんど）は頼むね」とおっしゃる方がいます。

　確かに，教育目標はほとんど変わらないものだと言ってもよいでしょう。だからといって，それが当たり前のように，検討すらしていないような伝え方をしては，校長の価値が下がります。**教育目標は，新たな年度を迎えるたびに，校長が熟考して決めるべきもの**です。

　教育目標を変更しないときには，その理由を明確に述べることです。「生徒を取り巻くこの学区の状況は大きく変化してきていますが，それでもなお，これまで掲げてきた教育目標は変える必要はないと考えました」など，自身の検討結果を伝えるべきなのです。

　変更しない理由を考えるうちに，教育目標という大目標の下におく「重点努力目標」などの変更を思いつくものです。私自身，教育目標はほとんど変更したことがありませんが，重点努力目標は毎年変更していました。

☑ 学校経営案は職員が分担してつくる

　校長が今年度の教育目標をしっかり周知すれば，学校経営案は職員が分担して作成すればよいのです。経営案で示すべき項目はたくさんあるので，校長１人ではとても対処できるものではありません。校務分掌に照らし合わせて，副校長（教頭）らと相談しながら，項目分担をするとよいでしょう。目標に変化があった場合は，それに関連して変更すべき点が必ずあります。昨年度の経営案を基に立案する担当者がほとんどだと思いますが，文言の間違いはないかなど，表面的なことのみしか目がいかない担当者がいます。校長として，**目標の変化に合わせて内容を十分に検討して提案してほしい項目は，担当者にあらかじめ伝えておく**とよいでしょう。

☑ 校長はすべてに目を通して総責任を負う立場

　職員が分担して作成した学校経営案といっても，責任者は間違いなく校長です。必ずすべての項目に目を通して，チェックしましょう。**通し読みをしてみると，それぞれの項目間の齟齬に気づくもの**です。

　特に教育目標と強く関連した項目の記述は大丈夫でしょうか。例えば，目標の中に新たに「粘り強い生徒の育成」を加えたとします。そうすると，道徳や特別活動の指導計画には，目標と連動して変化があってしかるべきです。

　私が「命の大切さを実感する教育」という目標を新たに加えたときには，道徳にも同様の文言が入り，３学年の指導計画には，「救命講習全員受講」が加えられました。

教育目標を"変えない"理由もしっかり述べよう。
学校経営案は校務分掌に照らし合わせて分担してつくる。
経営案を通し読みし，教育目標とのつながりを必ずチェックする。

第1章
学校経営の
基礎がため

2 過去の自校や他校の学校経営案に学ぶ

過去の学校経営案（教育目標）を見る。
他校の学校経営案を参考にする。
自校の学校経営案の価値づけをする。

☑ 過去の学校経営案に思いを馳せる

　正直に書きます。赴任当初はとてもではありませんが，過去の学校経営案を読み直し，そこから学ぶことはできませんでした。しかし，歴代校長の学校経営にあたっての思いは気になっていました。どの学校も同様だと思いますが，校長室には歴代校長の写真が掲げてありますから，いつも仕事ぶりを見られているようで，なんとなくプレッシャーを感じていたのです。

　5月の連休あたりだったでしょうか。ふと過去の1冊の学校経営案を手にして読み始めました。**教育目標はそれほど変わるものではないと思っていたのですが，20年前と近年ではまったく変わっていました。**子どもや地域，そして校長が変われば，教育目標は変わるものだと改めて実感しました。

　また，過去の学校経営案から，この学校が創立以来大切にしてきた教師のあり方を知ることができました。職員室に掲げてある扁額の意味をはじめて知ったのです。

　額には「春風以化」という言葉が書かれてありました。これには，「春風のようにさわやかであたたかい接し方をもって教育する」という意味が込められているのです。このような大切なことを知らなかった自分に気づき，背中にじっとり汗をかいたことを覚えています。この言葉を掲げられた校長が

存命であることがわかり，赴任1か月余も経っていますが，改めてあいさつし，この言葉を掲げられた思いをお聞きしました。

　まさか現校長から電話があるとは思っておられなかったことでしょう。随分と喜んでいただきました。さらに「春風以化」を話題にしたときには，心臓の高鳴りが聞こえてくるほど興奮されていて，大感激していただきました。私は話を伺って，この言葉に込められたその当時の校長の深い思いに感じ入りました。

　今年度は間に合いませんでしたが，来年度の学校経営案には必ずこの言葉を入れて，全職員の指針の1つにしようと決意したのです。

☑ 他校の学校経営案を参考にする

　他校から学ぶことの大切さは言うまでもありません。特に学校経営案は学校経営全般にわたっての目標や具体的計画ですから，掲げるべき項目の1つでも抜けていてはいけません。他校の項目と比べてみるとよいでしょう。

　また同項目であっても，そのタイトルをはじめ，表記の仕方は様々です。**読み比べることで，必ず学ぶべき点がある**はずです。

☑ 自校の学校経営案の価値づけをする

　過去や他校の学校経営案を眺めてみるよさの1つに，自校の経営案の価値づけができるということがあります。比較する中で，**「この項目はやはり自校の特徴を踏まえたうえでの記述だ」と自信がもてるものがたくさんある**はずです。すると，職員に話す際にも自信をもって臨むことができます。

過去の自校や他校の学校経営案から学ぶ心の余裕をもとう。
以前の校長からも話を聞いてみよう。
他から学ぶことで，自校の教育への自信も生まれる。

第1章
学校経営の
基礎がため

3 職員の情報は名簿作成でインプット

校長の一番の大仕事は人事。
職員一人ひとりの年齢，免許，異動歴等は頭に入れておく。
自ら職員名簿を作成する。

☑ まずは職員名簿の作成

　人事異動の仕組みは自治体によって異なりますが，どのような仕組みでも校長が職員一人ひとりの人事情報を把握することは必要です。

　教育委員会から届いた名簿や副校長が作成した名簿を眺めているだけでは，職員個々の情報は頭に入りません。そこで，**校長が自らの手で履歴書等を基に自校の人事名簿を作成する**ことをおすすめします。

　作成にあたっては，**文書作成ソフト（ワードなど）を使うより，表計算ソフト（エクセルなど）を使った方が便利**です。年齢順や経験年数順に並べ替えたり，自校着任順に並べ替えたりするなどして，入力情報を様々な観点から俯瞰できるからです。

☑ あると便利な項目

　表計算ソフトを活用すると，自由に項目を追加することもできます。したがって，作成当初からあまり神経を使う必要はありませんが，あると便利な項目は知っておくとよいでしょう。

　作成当初に次の項目を入れておくと重宝します。

　「番号」「氏名」「ふりがな」「性別」「年齢（年度末の年齢）」「生年月日」

「小免（1・2を入力）」「中免1（種・教科）」「中免2（種・教科）」「司書」「勤務年数（通算・本校）」「出身大学」「年次」「係累（例　潤子（妻○○中））」「小学校区」「歴任校1」「歴任校2」「歴任校3」

　これらの補足をしておきます。

　「年齢」は，人事異動を考えると，その年度末の年齢を入力しておいた方が便利です。高年齢の職員は，人事異動を考えるときに次年度からの勤務可能年数が考慮すべき情報となるからです。生年月日は，西暦，和暦いずれにしても並べ替えが可能な数値で入力しておきます。

　「小免」は小学校免許の有無と1種・2種の区別をするための項目です。したがって，入力データは「1」「2」「空欄」のいずれかになります。

　「中免」は，2つもっている教員がいるため2項目設け，種別と教科を入力します。

　「司書」項目は，司書免許の有無を入力します。都道府県によっては，学校に1名以上の司書免許取得者をおくとしている場合があります。

　「勤務年数（通算・本校）」は，次年度の学校組織を考えるときにも配慮するデータとなります。多くの教育委員会は人事方針で，その学校における勤務年数の制限を示しているのではないでしょうか。校長としては，「本校にあと○年は勤めることができるので，来年度は中学1年生担任からスタートして，3年経った後は他校へ異動と想定」などと考えることになります。

　データ入力しているうちに，ある程度の情報は頭に入るものです。また，履歴書を見ていると，その職員の過去の主事経験などが目に飛び込んできて，校内組織をつくる際に大切な情報となる場合もあります。

自ら手を動かして職員名簿をつくってみよう。
職員の理解は，まずは個々の基本情報を知ることから。
履歴書をときどき眺め，職員の過去の経歴も頭に入れておこう。

4 学校組織を精査する

 組織編成の仕方はどのような学校にしたいかの裏づけ。
本当にその組織が必要かどうかを熟考する。
組織の人数を減らすことを考える。

☑ 学校組織はあなたが学校づくりをするための裏づけ

「チーム学校」という言葉が聞かれるようになりましたが、この言葉の通り、学校づくりは校長1人でできるものではありません。組織全体で行うものです。

学校には様々な組織（一般的には校務分掌）があります。そもそも、校長自身に、「組織は校長が考える学校づくりを具現化するものだ」という意識があるでしょうか。組織が"十年一日の如し"になっていないでしょうか。「校長が変われば組織が変わる」と言っても過言ではありません。学校に新風を入れるためにも組織の変更は必要です。大きな変更は必要ありません。**小さな変更でも、学校全体に変化を生み出すことはできる**のです。

例えば、「今年度は特に家庭学習の充実を図りたい」と考えたとしましょう。教務主任や学年主任らにその思いを伝えることは大切ですが、新たに「家庭学習部会」を設けてみるのです。だれをその部会のリーダーとするのか、ここにも自分の思いを反映させるのです。

指名したリーダーには、校長の思いをしっかり伝えて、新組織に血を通わせましょう。「校長が自分を頼りにして、この仕事を任せてくれた」と思えば、その職員もファイトがわくものです。

☑ その組織が必要かどうかを自問自答する

　組織に新風を入れるのは，新たに組織をつくることだけではありません。これまでの組織が本当に必要かどうかを考え，**必要でないものがあれば廃止することも校長の大切な仕事**です。

　私の経験から1つの例を示しましょう。

　赴任した学校には「学校新聞」という分掌がありました。所属の職員が年2回発行する学校新聞の構成を考え，職員や生徒への原稿依頼から新聞製作，発行まで行うのです。開校以来発行されてきた学校新聞ですから，歴史と伝統はありますが，学校ホームページを毎日発信することを宣言したので，これまで通り学校新聞を発行するメリットはあまりないように感じました。

　そこで，「学校新聞」という分掌を廃止しました。それまで担当していた職員は喜びながらも，「本当になくなっても大丈夫でしょうか…？」と心配していましたが，「保護者や地域への情報発信はホームページで行うので心配ない」と言い切りました。そして，3年経っても「学校新聞」廃刊を話題にした保護者や地域の方々，職員は誰1人いませんでした。

☑ 組織の人数を減らすことを考える

　それぞれの校務分掌に学年から1人ずつ配当するという形式的な組織編成がなされていないでしょうか。**職員は「分掌の冒頭に名前がある人がこの組織を動かし，自分はそれに従っていればよい」と思うもの**です。1人で動かすことができる組織であれば，その担当は1人で十分です。

学校組織は校長の思いを実現させるものととらえよう。
組織の見直しで学校改善を図る。
1人で十分に動かすことができる組織もある。

第1章 学校経営の基礎がため

5 学校評価は小刻みに

CHECK　学校の自己評価は公表の義務あり。
学校評価は小刻みに実施する。
評価の継続，積み重ねが功を奏す。

☑ 学校評価の法律的押さえ

　平成19年10月に学校教育法施行規則が改正され，新たに学校評価について規定されました。

　その内容は**「学校は自校の教育活動その他の学校運営の状況について，自ら評価を行い，その結果を公表するものとする」**，また**「学校は，保護者その他の学校関係者（当該学校の職員を除く。）による評価を行い，その結果を公表するよう努めるものとする」**というものです。つまり，学校は自己評価を行い，その結果をなんらかの形で公表しなければならないのです。

　一方，以下の話は何のために評価をするのかを忘れてしまった例です。

　ある校長が，山のように積まれたアンケートを前に，教育評価の研究者に相談したそうです。

　「我が校では，こんなに職員や保護者，生徒からのアンケートが集まりました。すごい学校でしょ。でも，この後はどうしたらよいのでしょうか…」

　これを受けて学者は言ったそうです。

　「こんなにデータを集めたところで何にもなりません。評価の目的を間違えていませんか。今言える助言は，このアンケートを捨てることです」

　これは本当の話です。**何のために評価するのかを忘れてはいけません。**

☑ 学校評価は小刻みに

　私は，年度末にまとめて評価にとりかかるのは避けてきました。**年度末は忙しさに拍車がかかり，まさに評価のための評価になりがち**だからです。

　「小刻み学校評価」と称して，大きな行事の終了時や学校公開日の直後に職員や保護者を対象にアンケート調査を行い，それを基にその行事等の運営方法のよさや反省点を振り返り，職員会議の話題としていました。

　保護者から学校へ要望があった場合は，校内で共有を図りました。その中で保護者自身にも考えてほしいという内容は，ＰＴＡ役員にも情報提供をしていました。

　公表も小刻みです。学校ホームページに集計結果とそのグラフ，コメントをつけて発信しました。教育委員会への報告は，その記事を印刷して届ける形で，できるだけ時間をかけないように評価や報告を行いました。

☑ 評価の継続，積み重ねが功を奏す

　有効な学校評価の１つに，**前年度と同時期に同項目で行うという方法**があります。調査対象者は毎年異なりますが，前年度（や前々年度）と本年度を比較することで，自信をもつことができる取り組み，逆に見直しをしなければならない取り組みが明確になります。

　また，保護者対象のアンケートは，回数を重ねることで趣旨を理解してくださる方が多くなり，心温まるコメントが入るようになります。

　やはり継続は力なのです。

心得 5
学校評価は公表することを前提として実施しよう。
年度末にまとめてやると苦しいので小刻みに。
継続することで保護者からの理解も得られる。

第1章
学校経営の
基礎がため

6 校長の思いを伝える場を確保する

校長の思いを伝える場を具体的に確保する。
思いは伝えなければ伝わらない。
短い言葉で印象的に伝える。

☑ 校長の思いはここにある

「思いがない校長はただの人」
「思いを語るのが校長。それを具現化するのは,教頭以下の職員」
極端な表現ですが,私は校長と学校組織をこのように考えています。
「校長が変われば学校が変わる」と言われるように,校長は自身の思いをしっかり伝えて,集団の旗手役を担うべきです。
そのためには,**どこを見ると校長の思いがわかるのかを明確にしておくこと**が必要です。
私が積極的に利用してきたのが,学校ホームページです。**カテゴリーの1つに「校長室」をつくり,自分の思いや考えが入った記事をそこに集める**のです。ホームページのコンテンツの1つにすることで,職員ばかりでなく,保護者にもよく知られるようになります。学校経営上,保護者が校長の思いを知る意味は,実に大きなものがあります(学校ホームページの詳細は第6章で紹介しています)。
もちろん,学校ホームページに限ったことではありません。学期の始め,終わりには,必ず校長が職員に10分間は話すと決めてもよいでしょう。ポイントだけを示した校長通信を発行してもよいでしょう。回数や分量を心配す

ることはありません。「校長の思いここにあり」と，いつも確認できる場所やものを具体的に確保することが大切です。

☑ 思いは伝えなければ伝わらない

「思いは伝えなければ伝わらない」と聞けば，だれもが当たり前のことだと考えるでしょう。ここで強調したいのは，「伝えたつもりになっていませんか」ということです。

本人が伝えたつもりになっていても，相手に伝わっていなければ伝えていないことと同じです。「校長の思いは聞いたことがない。わからない」となれば，職員にとって校長はただの人なのです。

表現方法や具体例を変えながら，繰り返し思いを伝える努力をしましょう。

☑ 短い言葉で印象的に伝える

職員の忙しさを毎日目の当たりにしていると，思いを伝える時間をとることを躊躇する気持ちも起こるはずです。そうなると「言わなくてもわかっていてくれるはず…」という気持ちも芽生えてきます。しかし，そういうときに限って，その気持ちに反する問題が起こり，後悔するものでした。

もちろん，長い時間をとって話すことは，マイナスになります。短い言葉で印象的に伝える努力をしましょう。例えば，生徒とのかかわり方について基本を押さえたいときには，「生徒の真後ろで親が聞いていると思って話してみましょう」などと，**短く，かつイメージしやすい言葉を用いて伝える**とよいでしょう。

「ここを見ると校長の思いがわかる」という固定の場をつくろう。
思いを伝えている"つもり"になっていないかを振り返る。
短く，イメージしやすい言葉で伝えるなどの工夫も重要。

使える校長講話

1 入学式式辞（4月）

ABCDの原則

　野山には，鮮やかな桜色が加わりました。まさに春爛漫の佳き日です。本日，この中学校へ入学された○名のみなさん，この日を今か今かと待っていたことと思います。歴史と伝統ある○中学校へようこそ。入学，誠におめでとうございます。

　さて，私はこの学校の校長となって○年目になります。赴任以来，生徒諸君に言い続けてきた原則があります。それは「ABCDの原則」といいます。

　新2年生，新3年生の皆さん，「ABCDの原則」はわかっていますね？

　「ABCDの原則」を具体的に説明できるという人は，手をあげてください。

　突然ですが，はい，生徒会長！

（見事，答えてくれました。拍手！）

　その通りです。

　A＝当たり前のことを

　B＝バカにしないで

　C＝ちゃんとやれる人こそ

　D＝できる人

　当たり前のこととは，例えば，あいさつをする，時間を守る，といったことです。

　この中学校では，当たり前のことをしっかりと身につけてもらいます。

　当たり前のことがちゃんとできる人は，人から信頼されます。人から頼りにされると，自分が伸びるための機会がどんどん増えてくるのです。これは学校だけではありません。大人の世界でも同じなのです。さあ，大いに力をつけて，この○○中学校をますます盛り上げてください。期待しています。

第2章
組織力を高める職員とのつながり方

「校長先生の学校はチームワークがいいですね」
　このように言われるほど幸せなことはありません。職員全体がほめられているのですから，誇るべきことです。
　では，ほめられる学校はどこが違うのでしょう。それは，職員一人ひとりの結びつきです。お互いに1を聞いて10を知るつながりができているのです。
　そのような組織をつくるには，まず校長と職員がしっかり結びついていることが大切です。では，どのようにしてつながっていけばよいのか。そのヒントがここにあります。

Chapter 2

第2章
組織力を高める
職員とのつながり方

7 副校長とのつながり方

 副校長とは小刻みにコミュニケーションをとる。
「こんなことまで聞かれるのか」レベルで相談をする。
自分が副校長だった当時を思い出す。

☑ 副校長とつながるための小刻みなコミュニケーション

　1日の勤務を振り返って,だれと多く会話したかを考えてみて,副校長とほとんど話していなければ猛省が必要です。原則,学校の管理職は校長と副校長の2人しかいません。その2人の会話が少ないというのは,学校経営上とても危険なことだと認識してください。
　「〇〇先生,今日の表情はいいね」
　「□□部の練習試合の結果はどうだった？」
　「今日の校長会で聞いた教育長講話は,熱が入っていたよ」
など,**とるに足らない内容で十分なので,頻繁に小刻みに会話する**ことです。
　その中で,
　「そういえば,経費未納のことだが…」
　「昨日,△△先生から話を聞いたかい？　自分はかなり深刻だと受け止めたけど,副校長さんはどう受け取った？」
　「午前中の地域からの苦情だが,このように対応しようと思うのだが…」
など,自ずと重要事項の相談になるものです。こうした内容の会話は,すぐさま明確な筋道が見えるものではありませんが,まずは管理職として互いに課題を共有しておこうという意識が大切です。

☑ 相談のハードルを下げる

　副校長の中には,「こんなことを校長に相談してはいけない」と相談のハードルを高くしている方がいますが,これも危険です。副校長が胸に秘めていることは,実は校長が知っておくべきことかもしれないからです。

　こうしたことを防ぐには,校長から副校長に「こんなことまで聞かれるのか」ということまで相談するのです。例えば,

　「保護者への呼びかけ文を書いてみたが,この２つのタイトルのうちどちらが,インパクトがあると思う？」

といったことです。「忙しい副校長にこんなことまで聞いては迷惑だ」と思う方もいるでしょう。しかし,副校長からすると,**校長からこうしたことまで相談を受けるのだから,自分もこの程度のことを相談してもよいだろう**と思うことができます。つまり,相談のハードルが下がるのです。

☑ 自分が副校長だったときのことを思い出す

　「校長になったとたんに人格が変わった」と言われる人がいます。

　そう言われないためには,折々に副校長時代を思い出すことです。そういった意識があると,**副校長とのさりげない会話の中で,さりげない一言が出る**ものです。「市教委への報告時期と重なる時期で大変だと思うけれど,この処理もお願いできますか」という一言と,単に「この処理もお願いできますか」では,依頼を受ける副校長の印象がかなり違うことは納得できると思います。

小刻みなコミュニケーションで副校長と課題の共有を図ろう。
相談のハードルはとにかく下げる。
副校長時代を忘れないことでさりげない心づかいもできる。

第２章　組織力を高める職員とのつながり方

第2章
組織力を高める
職員とのつながり方

8 教務主任とのつながり方

「教育課程の番人」としての教務主任に敬意を示す。
まずは教務主任の考えを聞く。
教務主任の発信を全体の場で後押しする。

☑「教育課程の番人」に敬意を

　校長は教育課程の総責任者ですが，教務主任は，いわば「教育課程の番人」です。常日頃，教育課程の実施状況を点検し，計画通りに実施できるように頭を使っているのが教務主任です。**校内一，仕事の綿密さが求められる立場**でもあるので，私は特に教務主任には敬意を払ってきました。

　これは，自分が教務主任だったときの経験にも基づいています。その当時の校長も，「教務主任は学校を実際に動かすリーダーである」とおっしゃり，多くのことを教務主任である私に任せてくださいました。

　校長はスケジュールなどを大づかみはできますが，詳細は把握できないので，教務主任に頼ることが多いのです。例えば，学校視察の依頼があったとします。自校にとってよい機会なので引き受けますが，その日程や授業公開者は校長の一存では決められず，教務主任に調整を頼むことになります。

　また，評価・評定の最終責任者は校長ですが，定期テストの設定をはじめ，各教科における評定最終日，評価集約後の総点検などの全体進行を担うのは，教務主任です。

　校長は，教務主任が学校運営を支える重要なポストであることを忘れてはなりません。

☑ 教務主任の考えに耳を傾ける

　私が教務主任だったときには，自分が学校を動かしているという錯覚に陥るほどでした。年間行事や年間授業時数，評価・評定など，教育課程のありとあらゆる部分にかかわり，その具体案を示していたからです。

　そのため，日々他の職員とコミュニケーションをとらなければ，物事が先に進まないことばかりでした。コミュニケーション量が多くなればなるほど，教務主任の提案に対する様々な注文や変更依頼が届きます。**教務主任は職員のできれば聞きたくない声を一番聞いている**とも言えます。

　校長が教務主任と強くつながるためには，まずはそんな教務主任の考えをしっかりと聞くことでしょう。そして，その声は職員を代表する声だと理解するべきです。

☑ 教務主任を後押しする

　教務主任は，内心避けたいことを言わざるを得ないときが多々あります。そこで校長が心がけたいのは，教務主任の発信を後押しする言葉を全体の場で発することです。

　例えば，

「さきほどの教務主任さんの指示を聞いて，『この忙しいのに…』と思われた方もいるでしょう。しかし，これからのスケジュールを考えての的確な指示ですので，皆さんご協力をお願いします」

といった言葉です。

教務主任は学校運営を支える重要なポスト。
まずは職員を代表するその考えにしっかりと耳を傾けよう。
全体の場で教務主任の発信を後押しすることも重要。

第2章
組織力を高める
職員とのつながり方

9 学年主任とのつながり方

学年主任に全幅の信頼を置く。
校長の思いを印象的なワンフレーズで伝える。
学年主任自身の考えをしっかりと聞く。

☑ 学年主任に全幅の信頼を置く

　中学校は各学年が主体となって動いています。大きな学校では、1つの学年に所属する教員数が、小規模な学校の全職員数を超えることも珍しくありません。その学年を束ねるのが学年主任ですから、相応の力をもっていなくてはいけません。私自身、大規模な中学校に勤めてきて、「この学校は、3つの学校が集まっていると言ってもいいほどの規模だ。学年主任は校長と同じだ」といった話をよく耳にしたものです。

　校長は、そんな学年主任に**全幅の信頼を置いていることを伝えることが大切**です。もちろん、経験が浅く心配な学年主任もいることでしょう。しかし、校長にそう思われていると感じたら、もっている力を発揮できません。

　私は、学年主任を任命する際、以下のように信頼を伝えてきました。

　「あなたは教員としての力と、学年主任として必要なリーダーシップを兼ね備えています。お任せするので、ぜひ○学年をよろしくお願いします」

☑ 校長の思いをワンフレーズで

　校長が考える学校づくりを推進するために、学年主任の協力は欠かせません。学年の動きに一番の決定権を持っているのは学年主任です。信頼を置い

ているからこそ，校長の考えをしっかりと伝え，学年でそれを具現化してもらうのです。

その際に心がけたいのが，**学年で共有してほしいことを印象的なワンフレーズで伝える**ということです。

例えば，卒業式について以下のように伝えました。

「この学校の卒業生として誇りをもっていることが伝わってくるように指導してください。**キーワードは『卒業生の誇り』**です」

その学年では，この言葉を受けて学年部会で検討を重ね，申し分ない立派な卒業式をつくり上げてくれました。

☑ 学年主任自身から学年経営の考えを聞く

校長が忘れがちになるのが，学年主任自身の考えを聞くことです。主任がどのような学年をつくりたいのかをしっかりと聞きましょう。聞いておくと，その学年を見るときの視点が定まります。校長が聞くことで，学年主任が新たに決意することもあるはずです。

さらに，それを具現化するために，どのようなことをしようとしているのかを質問したり，アドバイスしたりするとよいでしょう。

また，学年主任として，所属の職員をどのようにとらえ，生かそうとしているのかも聞いておくべきです。人事面にかかわることなので，聞きにくいと思う方もいるでしょう。しかし，**学年主任はリーダー的な立場で職員の一番身近にいる存在**なので，その考えを聞いておくと校長として大いに参考になります。

心得9
学年主任に全幅の信頼を置いていることを伝えよう。
校長の思いは印象的なワンフレーズで。
学年主任自身の考えをしっかり聞くことも忘れずに。

第2章
組織力を高める
職員とのつながり方

10 事務職員とのつながり方

 事務職員は運営委員会の重要メンバー。
よきパートナーとするためのコミュニケーションを図る。
事務職員の伝達を積極的にフォローする。

☑ 事務職員を運営委員会のメンバーに入れる

　事務職員は，役職で言えば，事務長，事務主査，事務主任などが一般的です。いずれにしても，適切な学校経営をするための重要なパートナーです。
　ところで，事務職員を運営委員会（企画委員会）のメンバーに入れているでしょうか。「我が校の事務職員は，事務主査の立場なので，運営委員会には入れていません」という学校がありますが，**役職や年齢にかかわらず事務部の代表として加えるべき**です。学校組織の活動は，大きく教務・校務・事務の3活動に分けられるのですから，運営委員会に事務活動の立場がないというのは，物事を協議して決定するうえでも好ましいことではありません。
　運営委員会の議題が事務職員に関係しないことも多いでしょうが，それでも委員会のメンバーには入れておくべきです。事務職という立場で学校を動かしている運営委員の意見を聞くことは，とても参考になるからです。
　また事務職員だからこそ言えることがあります。例えば，修学旅行が議題となった場合に，「定例集金状況から考えると，総費用の検討が必要ではないか」という意見が事務職員から出されたことがありました。修学旅行の学年案からは，生徒に多くの経験をさせたいという思いはよく伝わってきたのですが，これまでの修学旅行経費や年間の予算執行から考えると，バランス

が悪いものだったのです。こうした指摘は，集金事務を総括する立場だからこそできるのです。

☑ 事務職員をよきパートナーとするために

事務職員によきパートナーとなってもらうためには，日頃のコミュニケーションが大切です。校長も事務職員も一人職ですので，いわば孤独職です。しかし，孤独であっても孤立してはいけません。そのためには，**校長の方から積極的にコミュニケーションをとる**ことです。

何気ない会話の中で，確認しておきたい重要事項に気づくこともあるものです。例えば，

「そういえば，今年度の消耗品の執行状況はどうだったかな」

「4月に校長先生から今年度は消耗品費が減額されていることを伝えていただきましたので，例年以上に執行額は減っています」

といった会話から，予算執行状況をチェックしたことが何度もあります。

☑ 事務職員の伝達をフォローする

事務職員は仕事上，職員に依頼をすることが多々あります。期限までに全員の書類がそろわず，**厳しく伝達せざるを得ない場合もある**でしょう。そういった際には，以下のような言葉で校長が事務職員をフォローするのです。

「書類が整わなければ，皆さんが不利になるのです。皆さんのことを考えて，そして仕事を全うしようとする強い気持ちからの依頼であったことを私たちは心しておきましょう」

事務職員を必ず運営委員会の一員にする。
よきパートナーとするために校長からコミュニケーションをとろう。
事務職員からの伝達へのフォローも必要。

第2章
組織力を高める
職員とのつながり方

11 ミドルリーダーとのつながり方

まずはミドルリーダーとしての自覚をもたせる。
ミドルリーダーの活動を称揚する。
称揚は全体の場でも積み重ねる。

✓ ミドルリーダーはだれか

『学校組織マネジメント研修』（文部科学省）では，ミドルリーダー（中堅教職員）は**「学校のキーパーソン」**であり，**「教職員に対して実際に影響力をもっている人」**としています。自校を見渡したとき，このようなミドルリーダーが存在しているでしょうか。

　私は，毎年某市で「ミドルリーダー研修」の講師を務めていますが，参加者にいつも次の質問をしています。

「校長先生から，あなたはミドルリーダーとして活躍してほしい，と言われたことがある方は挙手をしてください」

　60名ほどの参加があっても，挙手されるのは例年１人か２人です。

「ミドルリーダーと言われていなくても，同様のことを言われた方は？」

と広げても挙手は増えません。これでは校長とミドルリーダーがつながるわけがなく，ミドルリーダーを生かすこともできません。

　校長としてやらなければならないことは，**年齢にかかわらず，教職員に影響力をもつ人，もたせたい人を選び，学校の活性化に力を貸してほしいと伝える**ことです。

✅ ミドルリーダーを育てるコミュニケーション

　ミドルリーダーの役割は様々で,一律に定義することはできません。それだけに普段から校長の考えをしっかり伝えておくことが大切です。

　例えば,ミドルリーダーに若手教員の教師力を高めてほしいと伝えたことがありました。そのリーダーは,若手が保護者と対面しなければならない状況になったときに,事前シミュレーションを行ってくれるようになりました。リーダーが保護者役となり,若手が話すことを実際に聞き,助言をするのです。また,若手が行事担当となったときには,学年部会に提案前の文書に目を通してアドバイスをしていました。これらは校務分掌で割り当てられた仕事ではありません。自ら動いてくれたのです。私はミドルリーダーのセンスのよさに感心し,校長室で感謝の言葉を述べました。

　このように,**校長がミドルリーダーとのコミュニケーションを積極的にとり,その活動を称揚する**ことが大切です。

✅ 全体の前で価値づける

　活動の称揚,価値づけは,ミドルリーダーの前だけでなく,職員全体の前でもすべきです。例えば,上記の事前シミュレーションが行われたときには,個人名は出しませんでしたが,以下のように紹介しました。

　「このような若手を育てるためのすばらしい取り組みは,学校としてこれからも大切にしたい」

　こうしたことの積み重ねが,ミドルリーダーの意識を高めるのです。

心得 11
まずは,ミドルリーダーになってほしいという思いを伝えよう。
ミドルリーダーの活動はしっかり称揚する。
称揚,価値づけを全体の場で積み重ねることで意識が高まる。

第2章
組織力を高める
職員とのつながり方

12 若手教師とのつながり方

 若手教師のよいところは事実で伝える。
授業を通して若手教師とつながる。
相談を促すときはインパクトのある言葉で。

☑ よいところは事実で伝える

　私が若手教師のころ,校長と話すことはほとんどありませんでした。これは,私に限らず一般的なことだったと思いますが,時代は変わりました。校長には,確かな人事評価をすることが求められるので,校長の方からアクションを起こし,若手教師とコミュニケーションをとることが不可欠です。

　また,他愛ない話題ばかりではなく,若手教師のためになる話もしたいものです。私が心がけてきたのは,事実で語るということです。

　「君の学級の雰囲気はいいね。多くの生徒が発言者を見ているね。何か秘密があるのかな」

　「先ほど見た授業の雰囲気はよかったね。真剣に話し合っているグループばかりだったよ」

　「あなたの部の生徒はしっかりあいさつができていて気持ちがいい。日々の指導の賜物だと思うよ」

　などと,**事実に基づいてよいところを価値づける言葉かけをする**のです。

☑ 授業を通してつながる

　校長は意図的に授業を見て回ることができます。わずかな授業観察でも感

じることは多々あるはずです。それをぜひ若手に伝え，校長，言い換えれば**ベテランと若手が授業づくりについて話ができる学校にしたい**ものです。

　私は若手の授業を見る際には，特に**「即時評価」**を心がけてきました。夕方に「今日の2時間目の授業での発問は…」と言ったところで，授業者本人はまず覚えていません。そこで授業の邪魔をしないように，「即時評価」をするのです。

　例えば，授業者がとてもよい発問でグループ活動を指示したとします。このとき，授業者の横に行って次のように小声で伝えます。

　「今の発問はよかったねえ。疑問を膨らませる問いだったので，生徒は活発に意見交流ができているんだ。時間があれば，もっと話したいことがあるんだけど…」

　この，「もっと話したいことがあるんだけど…」と加えることもひと工夫です。授業者にしてみると，気になって仕方がないので，授業後に校長室にやって来ることが少なくありません。

☑ インパクトのある言葉で伝える

　「教頭まで伝えたら，あなたの責任は50％。校長まで伝えたら，あなたの責任は0％」

　これは，特に若手教員を意識した言葉です。若手には，包み隠さず，困っていることや悩んでいることを話してほしいものです。しかし**「何でも話してください」というありきたりの言葉では真意は伝わらないので，このようなインパクトのある言葉で伝える**のです。

> よいところを事実で伝えると，若手教師から信頼される。
> 「即時評価」を駆使し，授業を通して若手とつながろう。
> 相談を促すときは，その気にさせるインパクトのある言葉で。

2 始業式式辞（4月）

キャベツの芯を育てる

　新2年，新3年生のみなさん，進級おめでとうございます。1年生を迎え，平成〇年度を始めることになりました。

　さて，今日はキャベツを持ってきました。今日はこのキャベツを例にして，この中学校が目指していることを話します。

　（半分のキャベツを用意し，芯には赤い色を塗っておく）

　（赤色部分を指しながら）この中学校では，いわばこのキャベツの芯を育てることに全力を費やしています。しっかりした芯であればあるほど，葉が豊かに育ち，どっしりとした重みのあるキャベツになります。

　キャベツは，外側の葉がまず育ち，そして内側の葉がしっかりと成長していきます。特に内側の葉の豊かさは，芯の出来具合によるそうです。

　この中学校では，人間としてのしっかりとした芯をはぐくんでもらうよう，先生たちは全力で君たちに語ります。教えます。考えさせます。発言してもらいます。

　この市ではどこの学校も，授業では「学び合う学び」が大切だと言っていますが，この中学校では，「鍛える」という言葉を加えて「鍛える，学び合う学び」を土台にして，みんなで授業をつくります。

　キラキラとした目で授業を受けている姿は立派です。しかし，我が中学校ではさらに高みを目指してもらいます。ギラギラとした目で，「本当にそうなのか？」「もっと他にあるのではないか？」という追究心を君たちにもってもらいたいと思うのです。

　そのためには，人間としてのしっかりとした芯がなければいけません。やわな芯では，豊かな学びはできません。先生たちもがんばることを誓って，平成〇年度の始業式の式辞とします。

第3章 職員の授業力の伸ばし方

「授業で勝負する」
この言葉をどう解釈しますか。
　生徒に対して授業の大切さを説く言葉ととらえることもできます。
　一方，教師に対しては，授業こそ教師が力を一番発揮する場であり，まさに真剣勝負をする気持ちで授業へ向かえ，と説く言葉だと言えます。
　校長として，授業で勝負できる職員をたくさん育てたいものです。そのための玉置流の方法を本章で示します。

第3章
職員の授業力の
伸ばし方

13 授業者に嫌がられない授業観察法

日常的に授業観察をする。
授業観察を重くしない。
喜びは授業改善につながる。

☑ 授業観察は日常的に

　校長は忙しく，学校に終日滞在できる日は意外に少ないものです。やらなければならないことも多く，それらに忙殺されることも多いと思います。

　しかし，こうした状況においても，授業を第一に考える校長でありたいものです。

　「教育活動の中で一番大切なものは何か」と問われれば，「授業です」と答える方がほとんどだと思います。「授業で勝負せよ」と職員に伝えている校長も多いのではないでしょうか。

　その授業を見ずして，校長の役割は務まりません。**わずかな時間でよいので，全学級を回り，数分ずつでよいので授業観察をすべき**です。

☑ 軽くできる授業観察の方法

　日常的に授業観察をするためには，校長自身が授業観察を重く考えすぎないことです。**教室での生徒や教員の様子を見に行く程度と考えればよいでしょう。**

　観察を重ねているうちに見えてくるものがあります。昨日と違うこと，授業によって違うこと，時限によって違うことなど，重ねることで自ずと気づ

くことがあるのです。したがって,「さあ,見に行くぞ！」などと勢い込んで観察する必要はありません。

　ただし,授業者にとって校長の授業観察は気になるものです。校長の表情や姿勢から伝わることがあるので,「いつも笑顔で授業観察」を心がけましょう。私自身,このことは若手教師から指摘されてはじめて気がつきました。

　「校長先生は,いつも私の授業を難しい顔でご覧になられています。いろいろと思われることを教えてください」

と言われ,びっくりしました。授業観察後の一言は「よさ」を伝えることを意識していたのですが,言葉と表情が一致していなかったようです。

☑ 授業者に喜ばれる授業観察法

　校長が日々授業を一生懸命見ていても,それが職員にとってプラスに働かなくては意味がありませんし,校長の努力は報われません。

　そのためにも,授業者の喜びにつながるような授業観察をしたいものです。まずは,上記のように笑顔を忘れてはいけません。そして,**その授業の「よさ」をコンパクトに伝える**ことです。

　「あの発問で生徒は一斉に深く考えたね」

　「生徒の発言を上手につなぎましたね」

　「学習規律をいつも意識して授業をされている成果が見えました」

など,**ほんの一言でよいので,参観後できるだけ早く伝える**ようにしましょう。私は授業を終えて教室から出てきたところで声をかけることを目標にしてきました。もちろん笑顔です。

心得
13

「校長先生はいつも教室に来てくれます」と言われるようになろう。
授業観察はできるだけ軽く。
笑顔とできるだけ早い一言を忘れずに。

第3章
職員の授業力の
伸ばし方

14 「よいところ見つけ」で若手教師を伸ばす

よいところを伸ばすことが基本。
「よいところ見つけ」から始める。
「一点突破主義」で長所を伸展する。

☑ よいところを伸ばす

　経営コンサルタントの故船井幸雄氏は，経営が苦しい企業が立ち直るための優れたアドバイスをされていた方です。船井さんがかかわると，8割ほどの会社は上向きになると言われていたので，相当な実力です。
　私はぜひ船井理論を学びたいと著書を何冊も読みました。そこから学んだ立ち直らせるためのコツは，簡単なことでした。**「よいところを伸ばす＝長所伸展法」**です。何ら新しいことではありません。原理・原則というのは，どの世界においても同じなのだと改めて思いました。

☑ 若手教師のよいところを本人に伝える

　さて，若手のよいところを伸ばそうと思ったとき，1つ大きな問題が出てきます。それは**本人に自分のよいところがわかっていない**ということです。
　そこで校長は，まず若手教師の**「よいところ見つけ」**から始めます。授業参観をして，よいところをメモしましょう。よいところがなかなか見つからない場合があるでしょう。そのときは今後も継続してほしいことをよいところと考えるのです。例えば，授業のねらいが黒板に明示されていた，意図的指名ができていた。こういったことを当たり前と考えないで，継続してほし

いこと＝よいところとしてメモするのです。そして，時間をとって若手教師とメモを基に話すとよいでしょう。短時間では現象面のよさしか伝えることができません。その日の放課後が最適ですが，難しい場合も，できる限りお互いの記憶が新しいうちに行いましょう。

「授業のねらいは，いつも書いているのですか。とても大切なことですから，ぜひ継続してくださいね。ねらいはあれくらいの長さでいいのですが，ねらいを達成したときの具体的な姿を口頭で話しておくといいですね」

「あの場面は困りましたね。だからこそ，あの意図的指名はよかったですね。挙手がないと，つい教師が話してしまうのですが，生徒に舞台を与えることが大切です。先生は，あの生徒は何か言いそうだと思って，つまり意図を持って当てましたね。あれがいいのです」

このように，**具体的なよさと今後に向けての一言を伝える**とよいでしょう。

☑ 長所の伸展は「１点突破主義」で

船井さんは，業績を向上させるためには「１点突破主義」がよいと言われていました。

机の上にハンカチを置き，それを引き上げるときには１点を持ち上げます。すると，他の部分もついて上がってきます。あちこち引っ張り上げる必要はないので，このようにまずは１点に集中して，そのよさを伸ばす，つまり１点に集中するとよい，ということです。

はっきりとイメージがもてるよいたとえだと思います。**よさをさらにバージョンアップすることで，全体が引き上がっていく**ことを伝えましょう。

心得14
「よいところを伸ばす」という原理・原則はどの世界でも同じ。
まずは若手教師の「よいところ見つけ」から始めよう。
１点を伸ばすことで全体を伸ばすことも意識させる。

第3章
職員の授業力の
伸ばし方

15 個別指導で若手教師を伸ばす

 個別指導の機会は探せばたくさんある。
授業力向上のための濃密な個別指導も必要。
個別指導した後を見とる。

☑ 個別指導の機会は探せばたくさんある

　「若手教師を育てるには，一人ひとりの力量に合わせた個別指導が大切である」と言えば，反対する人はいないでしょう。ただし，「そのような時間がどこにあるのだ」という声が続出すると思います。
　個別指導というと，校長が若手教師と相対して指導することを思い浮かべがちですが，それでは確かに十分な時間はとれません。
　しかし，個別指導ができる機会は，実はたくさん存在します。例えば，学年集会などでベテラン教師が生徒に話をする機会を利用して個別指導をするのです。次のように指示します。
　「次は〇〇先生が夏休み前の生活指導をされます。よく聞いていてください。見習いたいところを後で校長に伝えてください」
　若手だけでなく，多くの教師は他の教師の話をあまり身を入れて聞いていません。そこでこのように指示をして話を意識して聞かせ，学ばせるのです。**「校長に伝えてください」という一言は，結構効く言葉**です。
　他にもたくさん研修の機会はあります。
　「2年1組の学級目標を見ましたか。一度見てきてください。感じたことを聞かせてください」

このように，**あえて曖昧な指示をすることで，「校長は何を意図しているのだろう」と考えさせる**ことも大切です。

☑ 授業力を伸ばすための個別指導

　私は管理職を通算9年経験しましたが，その間常に取り組んできたのが職員の授業力向上です。

　その中に，授業全般に問題を感じる若手教師がいました。生徒のためにも本人のためにも，なんとしても力量を高めてもらわなくてはいけません。まずは教材研究力から育てなくてはいけないと判断し，専用の教材研究シートをつくり，授業前に校長に提出するよう指示したことがあります。大きな負荷があっては続かないので，以下の内容が盛り込まれた簡単なシートです。

❶授業終了時に臨む生徒の姿（授業のねらい）
❷教科書コピー（説明すべきことに青色アンダーライン，考えさせたいことに赤色アンダーラインを書き入れさせる）
❸話し合わせたいこととそのための発問・指示

　力量がぐんぐん高まったとは言えませんが，教材研究シートを基に，濃密なコミュニケーションがとれました。その中で，教師のあり方をはじめ，様々なことを伝えることはできました。

　気をつけたいのは，教材研究シートを活用した授業のその後，つまり授業後のフォローです。指導といいながら，やらせっぱなしでは伸びません。**「教材研究シートをつくってよかった」と思わせるような価値づけは，指示した校長にしかできない**のです。

心得 15
個別指導ができる機会は，実はたくさん存在している。
授業力の特に気になる教師には重点的な個別指導も。
授業後のフォローも忘れずに。

第3章　職員の授業力の伸ばし方

第3章
職員の授業力の
伸ばし方

16 同行授業訪問で若手教師を伸ばす

授業を見る目が高まると授業力は伸びる。
若手教師と一緒に授業訪問をする。
授業観察後のお礼を述べさせる。

☑ 授業を見る目が高まると授業力は伸びる

「同じ授業を見ているのに，なぜこうも授業分析が違うのだろう」と感心した経験は，ベテランになるほど多いことでしょう。

どの分野においても，力量が上がってくると，見えるものも違ってくると言われます。授業力を伸ばすのも，**自分が授業の経験を重ねるだけでなく，力のある人と一緒に授業を見て学ぶことが重要**です。

私も若手のころは，ベテラン教師の授業分析から様々なことを学びました。

「あのとき生徒の発言をうまくつないだことで授業が引き締まりました」

「グループで活動させているときに教師が机間指導をしたために，生徒の集中力が欠けましたね」

「資料を見て，あの2人は一生懸命話していました。指名して意見を聞くとよかったのではないでしょうか」

といったベテラン教師の指摘を聞くまでは，同じ授業を見たのに気づいていないことばかりでした。しかし，自分に授業力がついてきたと思える年齢になると，逆に私の気づきに驚かれるようになりました。簡単に言えば，授業が見えるようになってきたということです。ただ，若いころから授業の見方をしっかり学んでいたら，そこに至るまではもう少し短かったはずです。

☑ 若手教師と一緒に授業訪問

　校長には，**ときどき若手教師を誘って授業訪問をする**ことをおすすめします。授業の見方を学ばせるためです。

　例えば，今回は２年生の教室を回ろうと決めて，授業参観ツアーに出かけるのです。廊下を歩きながらコミュニケーションもとれるわけですから，一石二鳥です。

　参観するときは，生徒の表情をつかむために教室前方から，５〜10分間ほど参観します。その間は，会話はせず，じっと見ます。

　気づきの交流は廊下で行います。まずは若手教師に発言させます。**気づきを聞いた後，そのことをどう思ったか（分析）を尋ねることが大切**です。校長は，基本的に気づきと分析を受容することです。同じ場面に注目していたのであれば自分の分析を，別の場面に注目していたのならその理由と分析を手短に伝えます。他人の目による気づきと分析は，どのようなことであっても，学びを豊かにするものです。校長は自信をもって語ることです。

☑ 授業観察のお礼

　授業を見せてもらったお礼の言葉も忘れないようにしたいものです。一緒に参観した若手教師には，**授業者にしっかりとお礼を述べ，授業から学んだことをひと言伝えるように指示しておく**とよいでしょう。

　授業を見せてもらったお礼を述べるのは，教師としての基本的な姿勢であることを理解してもらいましょう。

心得 16
授業は見て学ぶことも重要。
若手教師と一緒に授業訪問に出かけよう。
授業観察のお礼を述べさせることも忘れずに。

第3章　職員の授業力の伸ばし方

第3章
職員の授業力の
伸ばし方

17 研究授業の検討会を充実させる

 少なくとも小さな変化を生み出す研究授業をつくる。
ベテラン教師に支配されない検討会を工夫する。
授業者に最初に自省の弁を述べさせない。

☑ 小さな変化を生み出し得る研究授業であるか

　研究授業では，せっかく全教員で授業を参観し，検討会を実施するのですから，実りのある検討会にしたいものです。

　ところが，これまで幾度となく研究授業と検討会を行ってきましたが，その後授業者が大きく変わったとか，学校全体の授業に目に見えて変化が生じたという手応えは，正直なところ得られませんでした。

　しかし，急に大きな変容を求めることがそもそもおかしいわけで，小さな変化の積み重ねが，やがて大きな変容につながるのです。逆に言えば，**小さな変化さえ生み出せない研究授業に全教員で取り組む意味はない**わけです。

　校長は，少なくとも小さな変化を生み出す研究授業になるように，知恵を出し，率先して指導することが大切です。

☑ 「スリー・プラス・ワン」授業検討法

　ここからは，実際に小さな変化を生み出すことのできる「スリー・プラス・ワン」という検討会の方法を紹介します。

　若いころに経験した検討会では，ベテラン教師の発言を聞くと，「さすがに授業を見る目が違うな」と思うことばかりで，自分が思うことがあっても

なかなか発言できませんでした。こうした思いは，若手教師時代にだれもが経験しているはずです。

そこで，5，6人ほどで1つのグループを組み，そのグループで授業検討をします。話し合う内容も限定します。**よかったと思うこと3つと改善点1つをグループで話し合って，模造紙にまとめる**ように指示します。そして**グループの話し合い結果は，そのグループで一番の若手が発表**します。

この方法であれば，グループ検討が主となるので，ベテラン教師が話すことで評価が決まってしまうことはありません。また，グループ内で話し合う中で，授業についての様々な気づきが出されます。

授業でよかったと思うことが最初の話題になるので，話しやすい雰囲気も生まれます。「教科が違うので…」と言って発言を控える教師も，このテーマであれば発言しやすくなります。また，改善点を1つに絞るという指示も，話し合いを活性化させることにつながります。若い教師はグループの話し合い結果を発表しなければならないので，当然必死で参加します。

☑ よい点が多いから，改善点も受け入れられる

研究授業を行った側から，この検討法について考えてみます。5つのグループで検討がなされたとすると，よい点があわせて3×5＝15個も出されます。大人でもほめられるのはうれしいことです。喜びがあるからこそ，改善点も素直に受け入れられるのです。

なお，**授業者には最初に自省の弁を述べさせず，各グループの発表を聞いた後に感想を述べさせる**ことにします。

自校の研究授業が小さな変化を生み出し得るものか否かを精査しよう。
若手教師も積極的に参加できる検討会の工夫を。
よい点をたくさんあげれば，授業者は改善点も受け入れられる。

18 外部指導者の招聘による学校経営診断

まずは何のために外部指導者を招くのかを考える。
まるごと学校経営を診断してもらう。
外部指導者の指導をとことん活用する。

☑ 講師にお任せの依頼は NG

　授業改善のために外部指導者を招くことがあります。せっかく足を運んでいただくのですから,授業者や他の職員のプラスにしたいものです。
　私自身も授業助言者として招かれることがあります。その際に**一番困るのが,「とにかく授業を見て助言してほしい」という,いわば講師にお任せの依頼**です。講師が助言しやすいようにと考えてのことだと思いますが,現状を把握しているのはその学校の校長です。校長から授業者や生徒の様子などの情報提供や,研究を通してどう改善していきたいかといった思いの伝達がないのは,かえって失礼なことだという認識をもつべきです。

☑ 学校経営診断を受ける

　実際に私が校長として外部指導者をお招きした際のことを紹介します。校長に就任した折に,当時の教育長から「神奈川県の角田明先生から学ぶとよい」と助言をいただきました。
　角田先生はすでに校長を退職して,各地で講演をされていました。そこで,自校まで足を運んでご指導いただくようお願いをしたのです。
　角田先生には**「学校経営診断をしていただきたい」**と依頼しました。「授

業を見てほしいという依頼はあるけれども，学校経営診断とは珍しい」と言われましたが，快諾してくださいました。

　角田先生には，二泊三日の予定で，早朝から遅くまで学校のすべてをご覧いただき，助言をいただくことにしました。「学校経営診断」だけでは曖昧なので，まずは授業について助言していただきたい若手教師を選び，角田先生に1対1で指導していただくように体制を整えました。

　教務主任らのミドルリーダーには，参観中の角田先生の傍らにいて，指導を受けるように指示しました。また，若手教師が指導を受ける場面にも同席させ，指導内容をしっかり記録し，全体で共有したい事柄をまとめて，後日全職員に配付するように伝えました。

　教頭や主幹には，私が校長として角田先生からどのような助言をいただいたか，同席させて聞かせました。

　角田先生は「あなたの依頼に応えるのは本当に大変だ」とぼやかれましたが，私の思いをしっかりと受け止めてくださいました。**「教師が伸びないのは校長の責任だよ」**という厳しいお言葉もあり，実に深い学びができました。

☑ 学校改善は続く

　滞在していただいた3日間だけで指導は終わりません。主幹や教務主任がまとめた角田語録を基に校長室で振り返りです。角田先生にそのまとめを印刷配付することの了解を得たのは言うまでもありません。

　このように，校長が自分を追い込み，学び続ける姿を職員に見せることも大切なことです。

外部指導者にお任せの依頼は失礼。
学校経営診断は，記録者を置き，学校全体で共有する。
学校改善の取り組みは継続的に行おう。

❸ 集会講話（5月ごろ）

聞くから聴く，そして訊くへ

　君たちが授業を受けている様子を見て，ぜひ話しておきたいことがあります。それは，「きく」ということです。「きく」を漢字で書いてみてください。どのような漢字が頭に浮かびましたか（漢字が示せるようにしておく）。

　「聞く」という漢字を浮かべた人が多いでしょう。「聴く」という漢字もあります。さらに「訊く」という漢字もあります。

　「きく」の第1段階は，この「聞く」です。この「聞く」という文字は，耳に入ってくる声や音をただなんとなく聞いている状態を表しています。この「聞く」では，小学生段階です。

　中学生ならば，「聴く」でなくてはいけません。この「聴く」は，「聞く」と比べると耳が大きくなっていますね。「心」も入っています。横向きですが，「目」も入っていることに注目してください。「聴いている」状態は，耳だけではなく，心も目も使っているということです。人の話を聴くときには，目を使うわけですから，発言している人の方を見るわけです。発言する人を見ていない人は，単に聞いているだけで，聴いてはいないのです。

　さらに私が望みたいのは，「訊く」です。今度は「言」という漢字が入っています。この「訊く」は「尋ねる」という意味でも使います。人の話を深く訊いている人は，「そのことはこういうことですね」とか「私はそのことについてこう考えます」といった，人の考えを受けて，思わず言いたくなる，尋ねたくなるほどの状態になります。これを「訊く」というのです。こういったときの人の目は，「ギラギラ」しています。

　「聞く」ときの目は「トロン」としています。「聴く」ときの目は「キラキラ」しています。「訊く」ときの目は「ギラギラ」しています。

　「トロン」ではなく，「キラキラ」を，そして「ギラギラ」を目指してください。

第4章
学校を元気にする特色ある取り組み

　中学校長が「我が校の生徒はとても元気でして…」と他の校長に言えば，それは歓迎すべき元気さではないと思う方が少なくないでしょう。生徒とは対称的に，元気なく疲れ切った職員の顔を思い浮かべるかもしれません。
　本章で紹介するのは，学校そのものを元気にする取り組みです。生徒も職員も保護者も笑顔にさせる取り組みです。あなたの学校を活気あるものに変容させるヒントがここにあります。

Chapter 4

第4章
学校を元気にする
特色ある取り組み

19 ゲスト道徳

 道徳授業でリアリティに勝るものはない。
ゲストから事前に情報を引き出す。
生徒には少ない発問でじっくり考えさせる。

☑ エピソードの本人が目の前にいることのよさ

「ゲスト道徳」は、私の造語です。ゲストを教室に招き、ゲストのエピソードや考え方をもとにして、教師が道徳授業を行うことを称して「ゲスト道徳」と表現しました。計25学級で実践しましたが、「これはいい！」という確かな手ごたえを覚えた方法ですので、詳しくご紹介します。

ゲスト道徳のよさは、何よりもエピソードの本人が目の前にいることにあります。例えば、小学3年生から3年間小児がん治療のために集中治療室で過ごされた方をゲストに迎えたことがあります。中学生のころには小児がんを克服し、学校に通うことができるようになりましたが、抗がん剤の副作用で、髪が抜け落ち、坊主頭だったのです。教室では随分といじめられたといいます。後方から消しゴムを頭にぶつけられたことも何度もあったそうです。まったく関係ない1つ下の弟まで、「気持ち悪い兄さんの弟だ」と言われ、いじめが及んだそうです。

ここで生徒に聞きます。「あなたがこの方ならどうしますか」と。ほとんどの生徒は「学校に行かない」と答えました。1，2名の生徒は、「がんばって学校に行く」と返答しました。

エピソードの当事者であるゲストは目の前にいます。この答えを直接聞く

ことができるのです。生徒が息を飲んでゲストの話を待つ教室の空気は、普段の道徳授業とは全然違います。

☑ ゲストから情報を引き出す

　ゲスト道徳を成立させるために欠かせないのが、**事前にゲストがもっておられる情報を引き出し、授業化できるエピソードを見つける**ことです。
　フジドリームエアラインズの整備士の方をゲストに招いたことがあります。整備士44年の大ベテランです。職業柄か、ご自身からはあまり話をされませんが、1時間ほど打ち合わせをしたところで、「校長先生、私の仕事は100点満点を取り続けることです」と言われたのです。つまり、99点では事故につながるというわけです。これほど整備士という仕事を端的に表した言葉はありません。この言葉をキーワードにして授業を構成しました。

☑ 少ない発問でじっくり考えさせる

　25回の実践を通して確信したことがあります。それは、**ゲストのエピソードに寄り添わせるために、発問は2つほどに押さえる**ということです。
　先の整備士さんの道徳では、次の2つの発問に絞り込みました。
　「100点満点を取り続ける仕事と表現されましたが、どのような気持ちで言われたのでしょう」
　「どうして44年間も100点満点を取り続けられるのでしょう」
　時間的に余裕があったので、生徒はじっくり考えて発言し、その発言を受けてのゲストのお話もしっかり伺うことができました。

19 エピソードの本人が目の前にいること以上のリアリティはない。ゲストから授業化できるエピソードを引き出すのは授業者の仕事。生徒には厳選した発問でじっくり考えさせよう。

第4章 学校を元気にする特色ある取り組み

20 ミニミニ講演会

授業公開は学校を開くきっかけ。
授業公開と同時にイベントを開催する。
イベントを職員の人となりを知ってもらう機会にする。

☑ 授業公開≠学校を開く

「学校を開く」とは,今や言い古された言葉です。年間計画の中に数度の「授業公開日」を設定している学校も多いでしょう。ただし,**「授業公開をしていれば学校を開いている」**と考えるのは**間違い**です。学校を開くのは,保護者に学校のことを理解し,協力していただくきっかけをつくるためです。

☑ 授業公開と同時にイベントを開催する

あるとき,公開授業中の保護者のおしゃべりが過ぎ,授業に支障をきたすことがしばしばあったので,学校ホームページに授業中のおしゃべりは控えてほしい旨を書きました。この記事を読んだPTA役員の方が,反省されながらも,保護者がおしゃべりをしてしまう理由の1つとして「授業がつまらない」ということをPTAのページに書かれたのです。つまらないからといっておしゃべりをして授業を妨害してよいわけではないので,「つまらなくても黙っていてください」と学校ホームページで改めて注意喚起しました。

しかし,「授業がつまらない」という指摘は保護者の率直な意見で,これを契機に学校公開日をより有意義にする方策を検討し始めました。

保護者と話し合って,授業公開について改めて気づいたことがあります。

授業そのものに興味がある保護者は少なく，やはり我が子の様子が一番気になるということです。だから，**我が子の状況がある程度わかってしまえば，あとは近くの方とのおしゃべりに気が向いてしまうのです。**

そこで，学校側から次のような提案をしました。

「授業と並行してイベントをやりましょうか。何時間かある公開中に，授業をご覧になったり，イベントに参加したりしていただけばいい。授業を見ることだけが学校公開ではありませんから」

すぐに賛同いただき，職員による**「ミニミニ講演会」**開設となりました。

✓ ミニミニ講演会で職員の人となりを知ってもらう

校長には，様々な声が届きます。例えば，「○○部の顧問は厳しすぎる（体罰があったわけではありません）。校長は問題が起こる前に何とかすべきだ」といった意見がありました。不思議なことに，その部活動の保護者ではなく，まったく関係ない保護者からの声でした。噂が流れているのです。

ところが，この顧問は「部員たちに『相手を飲み込んでやろう』という強い気持ちをもってほしい」という思いから，多分に演技していたのです。事実，担任する学級ではユーモアと笑いが絶えないクラスづくりがされています。こうした人となりが伝わっていないことを校長として悔しく思いました。

そこで，上記のミニミニ講演会でこの顧問に登場してもらい，自分の教育に対する考え方を普段通りユーモアを交えて語ってもらいました。結果は大成功で，アンケートには「あのようなガッツのある男に我が子も育てたい」と書かれるなど，好感度がかなり上がりました。

授業公開をしているからといって学校が開かれているとは言えない。保護者が来校することが楽しみになるイベントをしかけよう。
ミニミニ講演会は職員のことをより深く知ってもらうチャンス。

第4章
学校を元気にする
特色ある取り組み

21 スマホ勉強会

 ネットトラブルが存在しない学校はない。
学校だけの責任ではないけれど対応せざるを得ない。
保護者と学校が団結して学習会を開く。

☑ 「ネットトラブルが皆無」はあり得ない

　校長が，自校でのネットトラブルの話を聞いたり，報告を受けたりしたことがなければ，学級担任のアンテナが相当低いと考えた方がよいでしょう。今日，小学校でも中学校でも，ネットトラブルを経験したことがある子どもがまったくいない学校はあり得ません。

　このように，ネットモラルに関する教育を避けて通ることはできない時代になりました。校長としての見解を求められることも間違いなくあります。意識して情報を手に入れ，**教師，保護者双方の立場から，ネットにかかわる問題について考えておくことが必要**です。

☑ 学校だけの責任ではないけれど

　「スマホは学校持ち込み禁止なのです。すべては家庭の問題です」とはっきり言われる校長がいます。スマホを与えているのは保護者なので，確かにその通りなのですが，学校外で発生したネットトラブルが学校内に持ち込まれる事態も多々発生しています。例えば，LINEでの書き込みに腹を立て，顔を合わせた学校でケンカを起こした，という話は珍しくありません。

　つまり，基本は家庭の問題としても，**学校としても放ってはおけない**，放

っておくとますます悪化する問題ということです。

　ただし，どの校長も声を大にして保護者に伝えましょう。「ネットトラブルは学校だけの責任ではない」と。

☑ 保護者と学校が団結する

　ネットトラブルで頭を痛め始めていたころに，PTA役員からも同じ問題で相談がありました。課題意識が一致したわけです。最も手っ取り早い対応は，専門家を連れてきて講演をしてもらうことです。しかし，役員から，**「講演は聞いたときには，『なるほど！』と思っても，それで自分が変わることはほとんどない」**という率直な意見が出されました。

　そこで，保護者と学校が団結して，保護者対象の**「スマホ学習会」**を開催することにしました。学習会の講師を自分たちが勉強して務めることにしたのです。PTA役員が6人，教員も6人で講師を務めることにしました。

　学習会の内容は，やはり専門家に相談することがよいと判断して，ネットモラル研究者に，どのような事柄をどのような順番で伝えると，現状にマッチした保護者向け学習会になるのか助言をいただきました。

　また，自校だけで学んでも効果は十分でないと考え，市内の全中学校で同様の学習会を開催することを呼びかけ，市内全校を対象に講師講習会を開きました。講習会は平日夜でしたが，80人を超える参加者がありました。

　講習会後に数度開催したスマホ学習会に向けての準備会で，保護者と学校の間にこれまでにない団結が生まれました。おかげで，その後いくつもの共同イベントが誕生しました。

> **心得 21**　ネットトラブルが存在しないという学校はあり得ない。
> たとえ要因が家庭にあっても，その対応は避けて通れない。
> こんな問題だからこそ，保護者と学校が力を合わせて対応しよう。

第4章　学校を元気にする特色ある取り組み

第4章
学校を元気にする
特色ある取り組み

22　親子で学ぶ講座

教育信条の具体化を図る取り組みを行う。
自身のネットワークを生かしながら講座を組む。
独自の催し物で学校の特色を周知する。

☑ 学び続ける生徒を育てるために

　教師であれば，だれもが自身の教育信条をもっていると思います。私の教育信条は「学び続ける生徒を育てる」です。
　この信条に基づき，様々な教育活動を行ってきました。信条を具現化する取り組みがなくては，信条は単なる呼びかけに過ぎません。そんな取り組みの1つが，**「親子で学ぶ講座」**です。学び続ける生徒を育てるために，保護者の方が学ぶ姿をお子さんに見せてほしいという思いから始めた講座です。

☑ 大人が学びを楽しむ姿を子どもに見せつける

　「わざわざ学校で講座を開いてもらわなくても，自分は学んでいますよ」という保護者は多数おられることでしょう。ところが，子どもはその姿を知らないものです。しかし，子どもに「勉強しなさい」と注意するよりも，大人が学びを楽しむ様子を見せつける方が何倍も説得力があります。
　この講座を成功させるためには，大人も楽しむことができる，大人にとっても新たな学びとなる内容が生命線だと考えました。
　自分自身のネットワークを生かしながら，例えば，次のような講座を組みました。

「落語家から学ぶ噺家修行と落語の世界」（講師：プロの落語家）
「統計学者から学ぶ世間の統計のごまかし」（講師：統計学者）
「プチ紳士から学ぶ人生の歩み方」（講師：コラムニスト）
「講談から学ぶ小牧の歴史とその学び方」（講師：プロの講談師）
「環境科学者から学ぶエネルギーのこれから」（講師：環境研究者）

タイトルを見ただけでも，きっと魅力を感じていただけると思います。

毎回多くの参加者がありましたが，親子で参加される家庭の比率は低く，少々残念な思いがしました。しかし，校長としての教育信条はよく伝わったようで大いに賛同していただき，3年間続けましたが，ほぼ全講座出席という保護者もいらっしゃいました。

☑ 企画するだけでなく自分自身も参加する

多彩な職業の方をお呼びしているわけですから，キャリア教育の場面としてもこの講座を利用しました。その中で，校長である私も講師へのインタビューアーを務めました。

「失礼ですが，落語家というのは不安定な職業ですよね。なぜ落語家になることを決めたのですか」

「大学人になられたということは，ずっと研究をするということです。研究は辛くありませんか」

など，参加者が思わず耳をそばだてるような質問を用意してぶつけたのです。この本音を引き出そうとする質問コーナーも好評でした。そして，この講座は他に類がなく，学校の特色を大きくPRする催し物となりました。

心得22
教育信条を具現化するイベントをしかけよう。
親を巻き込んで子どもを育てるのも一手。
魅力ある企画は学校の特色をPRする大きなチャンス。

第4章
学校を元気にする
特色ある取り組み

23 夜の作品鑑賞会

父親に学校参観を促す手だてをもつ。
無理なく学校を開放できる機会を探す。
夜の学校開放で父親とコミュニケーションをとる。

☑ 父親の学校参観を促す

　平日の授業参観では，参観者が母親中心になるのは致し方ありません（自分自身，我が子の授業参観にどれほど出かけたかと振り返ると，偉そうに言えるものではありません）。もっとも，週休二日制になって，土曜日に授業参観を設定する学校が増え，小学校では両親そろっての参観も多いようです。

　しかし，わざわざ土曜日に設定しなくても，平日でも企画によっては，父親の参観を促すことができます。次に紹介する**「夜の作品鑑賞会」**は，学校アンケートに書かれた意見がヒントになって行ったものです。

☑ 学校開放の機会を工夫する

　文化祭（合唱祭）終了後に書かれた以下の保護者アンケートが夜の作品鑑賞会のヒントとなりました。

　「合唱祭はとても感動しました。学級ではいろいろあったようでしたが，一生懸命に歌っている姿を見て，安心しました。主人もぜひ来たいと言っていましたが，平日はやはり来られません。せめて展示作品だけでも見ることができるといいのですけど…」

　文化祭は平日なので，体育大会と比較すると参観者は随分減ります。文化

祭もとても重要な行事なので，ぜひ保護者には見ていただきたいと考えるのですが，様々な制約から平日開催しかできません。やむを得ないと思いつつ，「せめて展示作品だけでも」という言葉で，ひらめいたのです。

　文化祭は2日間にわたって行います。作品は前日夕方までには展示が完了しています。文化祭1日目の夜であれば，じっくりと作品を見てもらう時間がつくれることに気がつきました。

　さっそく次年度から実行することにしました。勤務時間終了後なので，担当は，校長，副校長とし，ＰＴＡ役員にもご協力いただくことにしました。

　夜の作品鑑賞会は，大好評でした。父親ばかりでなく，祖父母が一緒に来校される家庭もありました。入口に立っていると，

　「校長先生，この企画はいいですねえ。子どもが3年生になってはじめて文化祭に来ることができました」

とおっしゃったお父さんがいました。

　ほかにも「校長先生，ホームページを楽しみにしています」「バスケットボール部が楽しみですねえ。県大会出場をぜひ勝ち取ってほしいと思っています」など，ちょっとした会話ですが，お父さん方とごく自然に話すことができました。**文化祭の展示作品を見ていただける，会話ができる，何より学校に足を運んでいただけると，よいことづくめの企画**でした。

　この参観者を少しでも増やそうと，事前にホームページで「夜の作品鑑賞会をはじめて催しました。今回の来校者が250名以下の場合は，来年度は取りやめることにします」と告知しました。それを気にしての来校があったのもうれしいことでした。

心得23
父親の学校参観をあきらめてはいけない。
機会を見直すことで学校開放のアイデアが生まれる。
父親とちょっとした会話ができるだけでも開催の価値はある。

第4章
学校を元気にする
特色ある取り組み

24 あいさつカード

 新しい取り組みは，とにかくやってみる。
情熱が生徒，職員を動かす。
よい取り組みには意外な賛同者も現れる。

☑ とにかくやってみる

　新任校長として赴任した中学校での話です。校門に立って生徒にあいさつをしていたのですが，教頭として勤めていた中学校の生徒と比べると，あいさつに元気がない生徒ばかりです。

　生徒指導主任に尋ねると「この学校の生徒は以前からこうだからしかたがない」と言うのです。しかし，この中学校の教育目標の１つに「あいさつをしっかりできる生徒の育成」が長年掲げられているのです。校長として教師に「あいさつがしっかりできるように指導してください」と言うのは簡単ですが，これではそれで改善されるとは思えません。

　そこで，何でもとにかくやってみようという精神で，**「あいさつカード」**を発行することにしたのです。

　あいさつカードは，右のような名刺大のカードです。

　このカードを大量に印刷して，玄関に積みました。そして，校長から来校者に向けて，次ページのメッセージを掲示しました。

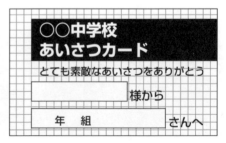

> 皆様，助けてください。
> 我が校の生徒は，しっかりしたあいさつができません。
> 来校された皆様には，この「あいさつカード」を数枚持って，あいさつがしっかりできた生徒をほめ，カードを渡していただきたいのです。
> 上の四角の中には，ご自身のお名前をお書きください。
> あいさつカードをいただいた生徒は，自分の名前を書いて校長室前にあるボックスにカードを入れるように指示してあります。カードは掲示板に順次掲示します。あいさつの「見える化」をしたいのです。（校長）

　１人でも多くしっかりしたあいさつができる生徒を育てたいという一心で行った取り組みです。

☑ 職員への広がり

　「中学生がカードごときであいさつができるようになるとは思えない」という批判もありましたが，始めてみると，まず１年生男子に火が着きました。カードをたくさん集めるために，来校者に進んであいさつするようになったのです。生徒が取り囲むようにして元気にあいさつするので，来校者もびっくりです。批判的だった生徒指導主任からも，「校長先生，これは効果がありますね。職員はいつもカードを持つことにしましょう。よいあいさつをした生徒にその場で渡すのです」という提案がありました。こんなにうれしいことはありません。いつしか校門でのあいさつもとても元気になりました。

心得24
まったく新しい取り組みも，とにかくまずはやってみる。
あいさつの奨励に競争意識を利用するのはよい方法。
校長の思いは必ず伝わるものと信じよう。

第4章
学校を元気にする
特色ある取り組み

25 まなびノート

生徒が使うもののアイデアを生徒自身に考えさせる。
プロジェクト会議で勢いをつける。
足跡をきっちり残す心遣いをする。

☑「まなびノート」の全面改訂

　校長を務めていた小牧中学校が生徒に配付していたものの1つに**「まなびノート」**があります。このノートには，明日の時間割，持ち物等を記入する備忘録ページと各教科の学習内容と進度（いわゆるシラバス）が掲載されていました。

　ある年にノートを確認すると，学習内容の変更がされないままになっていること，備忘録としては記入欄が狭く使いづらいものであることがわかりました。

　そこで，全面改訂をすることにしました。職員の中で組織をつくり，改訂することも考えましたが，職場を多忙化してしまう心配から，校長である私がリーダーになり，若い講師と生徒数人で知恵を出すことにしました。生徒をかかわらせたのは，まなびノートを使うのが生徒自身で，使い手の生徒がアイデアを出した方がよいものができると考えたからです。

☑ プロジェクト会議でアイデアを出し合う

　「全校生徒が使うノートに自分たちのアイデアが反映できる」というコンセプトが，生徒の意欲を高めました。第2回目の会議には様々なアイデアが

出され，アイデアの交流も活発に行われました。

　話し合いを聞きながら，**校長として考えたのは，アイデアの実現性と費用**です。まなびノートの作成費用は集金から充てていたので，いくらよいアイデアでも費用がかさみ過ぎることは避けなければいけません。

　業者さんの選定，相談，調整，発注まで，すべて校長の仕事と考えました。一度流れをつくれば，次年度からは職員の仕事にできます。

☑ 新まなびノートの完成

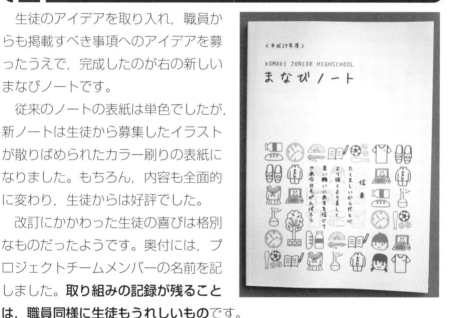

　生徒のアイデアを取り入れ，職員からも掲載すべき事項へのアイデアを募ったうえで，完成したのが右の新しいまなびノートです。

　従来のノートの表紙は単色でしたが，新ノートは生徒から募集したイラストが散りばめられたカラー刷りの表紙になりました。もちろん，内容も全面的に変わり，生徒からは好評でした。

　改訂にかかわった生徒の喜びは格別なものだったようです。奥付には，プロジェクトチームメンバーの名前を記しました。**取り組みの記録が残ることは，職員同様に生徒もうれしいもの**です。

心得 25　生徒がかかわることができるプロジェクトをしかけよう。
アイデアを出し合えば取り組みにも弾みがつく。
足跡を残す心遣いも忘れずに。

第4章
学校を元気にする
特色ある取り組み

26 「授業を語る」プロジェクト

ベテラン職員の教師力向上策を考える。
第三者との出会いから発想を生み出す。
己の歩みを語ることで，今後のあり方を考えてもらう。

☑ ベテラン職員の教師力向上を目指す

　校長であれば，だれしも職員の教師力を高めたいものです。その手だては授業研究，特定研修，研修論文など，すでにご存知のことが多いと思います。
　しかし，特にベテラン職員にとっては，こういった研修方法は新鮮さに欠け，変化を生み出すことが難しいので，新しい取り組みを模索していました。
　そのころ，１人のクリエイティブディレクターに出会いました。肩書の「クリエイティブ」という言葉に魅かれたのです。
　業種は教育とはまったく関係ありません。だからこそ，新たな取り組みのヒントが得られるのではないかと思い，その方に相談しました。
　「職員の教師力を高めたいと考えています。その手助けをしていただけませんか。第三者に己の授業や仕事について語ることで，ベテラン職員に自分のこれまでの歩みを振り返らせ，今後のあり方について考えてほしいのです。聞きとっていただいたものは，Ａ４判１枚のレポートにまとめてください。私はそれを順次，全職員に配ります」
　このように話しました。その方は「とてもおもしろい取り組みです。やってみましょう」と快諾してくださいました。予算的な裏づけもでき，**「授業を語る」プロジェクト**を開始しました。

☑ レポートに感動の声が響く

下の紙面が，ディレクターさんが作成してくれた実際のレポートです。

これを職員室で配付したときは，感動の声が響きました。

1時間余のインタビューが実にコンパクトにまとめられています。さすがプロです。共通質問は，「『鍛える 学び合う学び』をどう考えていますか」「具体的な授業を教えてください」の2つです。これらについて**語ることで，己の歩みを振り返り，今後のあり方を考えて**もらいました。

校長なら常に職員の教師力向上を考えたい。
ベテラン職員の研修には新鮮味のある新たな取り組みを。
己の歩みを語ることで，今後のあり方まで考えてもらおう。

第4章 学校を元気にする特色ある取り組み

27 「掲示物刷新」プロジェクト

学校の環境にいつも気を配る。
環境改善に地域・保護者・職員の思いを反映させる。
校長の思いを積極的に自ら具現化する。

☑ 廊下の掲示物に悩む

　校長として，いつも注意しておかなければならないことはいくつかありますが，その1つが校内の環境です。

　これは，悩んでいた掲示物をプロと一緒に改善したときのことです。歴史と伝統があり，真の学び舎を目指す自校に似つかわしくないと考えていたものがありました。それは，玄関から職員室に続く廊下の掲示物です。古い賞状が掲示してあるだけで，それらに見入る人は誰一人いません。

　校長3年目を迎えたときに，先述のクリエイティブディレクターと出会うことができました。さっそく掲示物の改善について相談し，**「掲示物刷新」プロジェクト**を立ち上げることになりました。

　私がしなければならない仕事は2つ。1つは掲示物でどんな思いを具現化するのか明確にすること。もう1つは費用を捻出することでした。

　思いを語ることは簡単でした。ディレクターさんの発想を制限しないように「ここは学び舎だという印象をもたれる掲示物をつくりたい。『さすが小牧中だ。歴史と伝統，そして明日への勢いを感じる』と言われるものとしたい」と語っただけです。費用は，教育委員会の事業「新しい学校づくり」で提案し，獲得することができました。

☑ 地域・保護者・職員の思いを反映させる

　ディレクターさんは，学校近くの山に登って学校を眺めたり，市や学校の歴史を調べたりと，広い視野で構想を練っていました。あるとき掲示物製作のためのワークショップを開きたいという申し出がありました。掲示物に地域・保護者・職員の思いを反映させるには，意見を述べ合うことが欠かせないというのです。プロの力を借りることのよさを再認識する申し出でした。

☑ 掲示物の完成

　「小牧山から見ていた未来図」と称する掲示物（パネル）が完成しました。パネルの１つには，右のようにワークショップの様子を記録しました。また，パネルの冒頭には，私の思いを「今も昔も変わらず」というタイトルで，次のように表しました。

　「新しい民主日本の出発と共に歩み始めた本校は，（略），生徒，保護者，地域，教職員の努力により，今も昔も変わらず，教育の先導役を務めてきています。（略）未来永劫，この小牧中学校の「ガンバリズム精神」を大切にし，地域から愛される学校であり続けたいと思います」

　パネルの中には，ワークショップで生まれた短歌も入っています。

　「歴史ある　小牧の町に　希望台　親子三代　流れる時間」

　このように**校長は自分の思いを遠慮することなく具現化すればよい**のです。

心得 27　校内の環境は校長がいつも注意しておくべき重要事項の１つ。
プロの力を借りることでプロジェクトがダイナミックに動く。
校長の思いを具現化することに躊躇してはいけない。

第4章　学校を元気にする特色ある取り組み

第4章 学校を元気にする特色ある取り組み

28　1人1台情報端末の授業

校長自身が理想の授業像をもつ。
日頃から授業へのこだわりを語ることで挑戦への理解が得られる。
職員とともに近未来の授業を体験する。

☑ 理想の情報端末環境とは

　「学校教育の情報化に関する懇談会」の委員を務めさせていただいたことがありました。

　その関係で，某社から「先生が考える理想の1人1台の情報端末環境はどのようなものか」という質問を受けました。それに対して私が述べたのは，**「だれもがだれもの考えをわかること」**です。すでに1人1台の情報端末を整えた先進校の実践は参考になりますが，ある生徒が端末に書き込んだ内容を他の生徒の端末で閲覧できないことや，書き込みを生かせないことに不満を感じていたため，このように述べました。

　1年ほど経ったとき，その会社から「先生が言われたシステムが完成に近づきました。見ていただきたい」という依頼があり，私個人の不満などに応えようとしてくださったことに感激しました。そして，近未来の学校では1人1台の情報端末は当たり前の姿になると考えていたので，私が授業することを前提として，2か月間そのシステムを自校で試用することにしました。

☑ 「1人1台情報端末の授業」を実施するにあたって

　校長が授業をすることに対して，校内から異論は出ない自信がありました。

私が日頃から授業にこだわり続けていることを職員が知っていたからです。

「現状に満足せず，挑戦してみよう。やってみると見えるものが必ずある」という考えを常に表明していたので，1人1台の情報端末を使った授業に挑戦できる機会があれば，校長が飛びつくことは職員にとって想定内の出来事なのです。

校内に40台の情報端末とサーバーが設置されるので，神経を使いました。端末を失ってしまわないかと心配した職員もいましたが，授業のたびに端末を片付けることは，時間的にも物理的にも無理でした。我が校の生徒なら心配することはないと思い，端末は教室ロッカー上に並べて置くことにしましたが，2か月間何のトラブルもありませんでした。

✅ 実践したからこそ見えてきたこと

実践してみて，やはり見えてきたことがありました。それは，校内のネット環境（端末をネットにつなげるための仕組み）が十分に整っていないと，せっかくのシステムも役に立たないということです。

授業の途中で接続が切れてしまい，端末が使い物にならない状況がしばらく続きました。理論値と実際値が違うことがはっきりしたのです。

何度となく調整され，最終的には問題なく授業で活用できるようになりました。それぞれの考えが全員の端末でわかることで，「○君の書いたものを見たらわかるよ」といったシステムのよさを象徴する発言も生まれました。**実践を通して，近未来の授業について職員と考える機会をもつことができたのは，校長として大きな喜び**です。

心得 28　校長自身が理想の授業像をもつことは重要。
新しい挑戦への理解は，普段の授業へのこだわりから自然に生まれる。
職員とともに近未来の新しい授業を体験しよう。

使える校長講話

4 集会講話（6月ごろ）

18と体

　今日は数と体のつながりの話をしたいと思います。まず，この「18」という数から始めます。18という数は，体の何に関係していると思いますか。実は18は人の「呼吸数」なのです。人は1分間に平均18回ほど呼吸をしているそうです。

　では，この18を2倍してみます。いくつですか。「36」ですね。36は，体の何に関係しているかわかりますか。そう，36は，人の「体温」です。人の平常時の平均体温は36度程度です。

　さらにこの36を2倍してみます。いくつですか。「72」ですね。72は，人の「心拍数」です。人は1分間に平均72回ほど心臓をドクドクさせています。

　また72を2倍してみます。いくつですか。「144」ですね。144は，「血圧」に関係しています。血圧とは，血液の圧力で，心臓がグッと縮むときと緩むときがあるのですが，そのときに血液の圧力が違ってきています。グッと縮むときの圧力が，130ほどが正常だと言われています。ですから，144は少し高い血圧ぐらいの数と言えます。

　さらに144を2倍します。いくつですか。「288」ですね。288は，どんなことに関係していると思いますか。288は，人の「妊娠期間」とほぼ同じぐらいの数字です。あなたたちがお母さんのお腹の中にいた日数は，おおよそ280日くらいなのです。

　どうですか。興味深い話でしょう。「18は呼吸数，36は体温，72は心拍数，144は血圧，288は妊娠期間」という数と体に関する話でした。

　ちなみに「18番」という言葉があります。「私の18番は…」などと言いますが，18番とは「得意なこと」を表しています。18という数は，なかなかおもしろい数なのです。

第5章
法規に基づく
リスクマネジメント

「不祥事防止に努めよ」
　校長という立場にあると，幾度となく耳にする言葉です。文書においても，1年のうちに何度も目にすることでしょう。
　不祥事ゼロを目指すのは当然のことですが，現実問題として，全国のどこかで毎日のように何らかの不祥事は発生しています。
　そこで，ここではリスクマネジメントの観点から中学校長の仕事術を示しました。

Chapter 5

第5章
法規に基づく
リスクマネジメント

29 過去の校長会資料から「法規ノート」をつくる

ある程度のことは法規に基づいて説明できる必要がある。
過去の校長会議資料から「法規ノート」をつくる。
他地区での問題への対応策も記録しておく。

☑ 法令上の根拠

　校長といえども，日常業務を法規に照らして行うことはほとんどありません。それだけに法規に対して苦手意識をもっている方は多いはずです。
　新任校長研修の折に，次の指示を受けました。
　「校長が各教室の授業を見回ったり，教員に指導案を出させたりできることを，法令上の根拠を示しながら説明してください」
　「法令上の根拠」と言われたとたん，頭の中が真っ白になったことを覚えています。「校長ならできるに決まっている…」と思いながら，それ以上言葉が出てきませんでした。
　すべての法規を頭に叩き込む必要はありませんが，**ある程度のことについては法規に基づいて説明できるようになっておく必要はある**のです。

☑ 過去の校長会資料から「法規ノート」をつくる

　これは，特に新任校長におすすめしたいことです。校長室には，過去の校長会資料が保管してあるはずです。4月早々に開かれた会議から年度末の会議までの要項を一度眺めてみましょう。
　各回の校長会資料には，市町村教育委員会からの指導事項が列挙されてい

ると思います。提出書類についての指示もあります。そして，記載事項の中には，法規に関することがあるはずです。まず，その**ページに付箋を貼っていき，法規の部分だけ閲覧できるようにする**のです。そして，時間に余裕ができたときに，**該当ページをコピーして，法規に関することだけを集めた「法規ノート」をつくります**。こうすると，詳細は覚えていなくても，ある程度のことは記憶に残ります。私自身「この事例は法規ノートにあったはずだ…」とノートから資料を得た経験が何度もあります。

また，どこの校長会においても法規に関する研修会が行われていると思います。その際に出された**資料を専用ファイルに綴じ，法規ノートと同じところに保管する**ようにします。法規に関する資料は，このように1か所で管理しておくことをおすすめします。法規に基づいて判断する機会はいつ訪れるかわかりません。そのときに該当法規を探し出すことだけに時間がかかると焦ります。手元の資料でわからないということだけ判断できれば，別の資料に当たったり，他の校長等に聞いたりすることもできます。

☑ 他地区での問題への対応策も記録しておく

校長としての経験を積んでくると，他地区での問題やその対応についての情報を得ることが多くなります。こういったとき，いずれは我が地区でも起こる問題ととらえ，その詳細について把握しておくこともおすすめします。これは自身の反省からです。**「この問題は以前に他地区の校長から聞いた問題だ。対応策までお聞きしたのに，メモをしていなかった…」**と後悔したことが，幾度かありました。

心得29
校長といえども，法規に対する苦手意識はだれにもある。
だからこそ，校長会資料から「法規ノート」をつくろう。
他地区での問題への対応策も，しっかりと記録しておこう。

第5章
法規に基づく
リスクマネジメント

30 起こりやすい問題を想定したシミュレーション研修会

校長会研修で法令研修を実施する。
起こりやすい問題を想定してシミュレーションをする。
回答をまとめたうえで想定問答を行う。

☑ 校長会研修会でシミュレーションを行う

　法規についての理解を深めるために，起こりやすい問題を想定して「このような局面では法規に基づいてこう答えよう」といったシミュレーションをしておくとよいでしょう。校長会における研修の1つとして取り組むことをおすすめします。具体的な研修の流れは以下の通りです。

❶校長会で問題を提示する。次の会議までに，各自で回答を考え，保護者に語る形式でまとめたレポートを提出する。
❷（次の）校長会で4人ほどのグループを組み，それぞれの回答を読み合い，修正を加えるなどして，グループの考えをまとめる。
❸数グループで発表し，意見交換する。できれば専門家から助言をもらう。
❹回答が確定した時点で，校長役と保護者役になって，実際にやりとり（シミュレーション）をしてみる。
❺感じたことや気づいたことを出し合い，今後に生かす。

☑ シミュレーション研修会の実際

　ここでは，どこの地区でも問題になっているであろう集金拒否（経費未納）に対するシミュレーションの例を紹介します。

問題　経費未納の保護者から，義務教育は無償なので集金には応じないと言われている。

回答例
○（経費の内訳を示し）例えば給食費は「学校給食法」により，保護者負担となっている。

> 学校給食法（経費の負担）
> 第十一条　学校給食の実施に必要な施設及び設備に要する経費並びに学校給食の運営に要する経費のうち政令で定めるものは，義務教育諸学校の設置者の負担とする。
> 　　２　前項に規定する経費以外の学校給食に要する経費（以下「学校給食費」という。）は，学校給食を受ける児童又は生徒の学校教育法第十六条に規定する保護者の負担とする。

○経費の中には，修学旅行のための積立金が含まれており，旅行費はあくまでも個人負担であるものであることを示す。現在の状況では，修学旅行請負業者へお子さんの事前支払旅行費用が払えず，業者から修学旅行への参加について問い合わせが来る可能性がある。

○教材費等も同様で，無駄がないように慎重に審議をしている。そのうえで生徒の学習に不可欠なものの購入をお願いしているので，個人負担になることを理解していただきたい。

このように**回答例をまとめたうえで，想定問答を行う**のです。

実際に起こりやすい問題を想定してシミュレーションをしよう。
専門家から助言をもらうことも視野に入れて。
知恵を出し合うことで問題に対応する力は高まる。

第5章 法規に基づく リスクマネジメント

31 不祥事には「自校で起こったら…」という意識で備える

 不祥事が「自校で起こったら…」と考える。
実際の不祥事報道でシミュレーションをする。
自校の動きを書き出して対応策を整理する。

☑「自校で起こったら…」と考える

　すべての教育委員会の悩みと言っても過言ではないのが「不祥事」です。不祥事防止をいくら呼びかけてもなくならないという現実があります。

　新聞に教員の不祥事記事が掲載されるたびに,同職として悲しい思いと怒りを覚える方は少なくないと思います。

　校長であれば「自校では起こってほしくない」と願って当然です。しかし,不幸にして起こってしまったそのときのために,不祥事記事を目にしたら,自校で発生した事件として対応を考えてみることをおすすめします。

教諭が生徒65人分のデータ入りUSBメモリー紛失

　市教育委員会は1日,市立小学校の男性教諭（31）が,担任だった生徒の名前や成績など計65人分のデータが入ったUSBメモリーを紛失した,と発表した。市教委は「校外に持ち出された可能性は低く,悪用された形跡はない」としている。市教委によると,教諭は職員室の共用パソコンに私物のUSBメモリーを接続し,会議資料を作成。その後,机の引き出しに入れたとみられる。翌日,紛失に気付いたという。市教委の内規では,成績などのデータの持ち出しとともに,私物メモリーの使用を禁止しており,副校長から数回注意されていた。調査に対し「内規違反は分かっていたが,採用時から使い続けていた。自分はなくさないと思っていた」などと説明したという。

例えば，前ページのように新聞記事に情報漏えいの不祥事が掲載されたとします。このような不祥事が自校で起こったとしたら，と考えて，シミュレーションをしてみてください。

☑ 発生後の動きをシミュレートする

　もし自校でこの不祥事が起こったら，どう動くべきかを考えてみました。

> ❶教育委員会へ第一報を入れる。
> ❷副校長に該当職員から詳細な聞き取りをさせる。
> ❸副校長の聞き取りを基に，2人で矛盾や不明な点はないかを確認する。聞き取りで名前があがった職員に裏づけ（時間，場所など）をとる。
> ❹緊急に職員を招集し，不祥事を包み隠さず報告し，類似の事柄や自身が不安に思っていることなどがあれば，すべて伝えてほしいと指示する。
> ❺速報をつくり，教育委員会へ出向き，今後の動きについて指導を仰ぐ。
> ❻警察への届けが必要だと考えるのなら，教育委員会に相談のうえで動く。
> ❼保護者への説明会開催について検討を始める。

　こうした**シミュレーションが，実際に不祥事が発生した場合に落ち着いて判断できる冷静さを生み出す**ものです。そのうえで，自校の実態を振り返ってみることです。個人情報の保管ルールを明確にしているでしょうか。周知しているでしょうか。他校の不祥事を「他山の石」と考え，自校の対策に生かすことが大切です。

不祥事には「自校で起こったら…」という意識で備えよう。
実際に報道された不祥事はシミュレーションの機会。
自校の動きを具体的に書き出してみよう。

第5章 法規に基づく
リスクマネジメント

32 不祥事の防止は様々な方法で

不祥事防止策に完全なものはない。
ネット時代に対応した防止策を講じる。
可能であれば実際に不祥事対応を経験した校長から話を聞く。

☑ 完全な不祥事防止策はない

　校長として自校の職員に不祥事防止について注意喚起していない方はいないでしょう。週に１回はそれに関することを話しているという方もいると思います。しかし，不祥事を防止する完全策はありません。**様々な機会に様々な伝え方で職員の自覚を促し続けるしかない**のです。

　また，職員の言動について心配になる噂が校長の耳に入る場合もあるでしょう。その際に躊躇してはいけません。**すぐに該当職員を呼び，事実を確認すべき**です。不祥事が明るみに出る前に，まわりの者は何となくおかしいと感じていた，という事例は少なくありません。校長の職務は「校務をつかさどり，所属職員を監督する」ことです。「おや？」と思ったときには，すぐに対処することが校長の重要な仕事です。

☑ ネット時代に対応した防止策を講じる

　教員の中でも，新聞購読者は少なくなっているようです。インターネットで重要ニュースは見ていますが，新聞に掲載されている県内や地元の事件や出来事について知らない人も多くなったように思います。

　したがって，県内版に掲載される教員の不祥事記事を目にしていない職員

も少なくありません。以前は,

「○○という不祥事記事が掲載されましたが,こういうことが起こると大切な人生が狂ってしまいます」

などと口頭で伝えていましたが,職員の表情を見ていると,そもそもその新聞記事を目にしていないということが多くなりました。そこで,数社の新聞紙に掲載された不祥事記事を要約し,全職員に配付します。実名や年齢も公表されていると,「もしもこれが自分だったら…」と想像し,危機管理意識が上がります。

また昨今,教員の不祥事はネット上の情報共有サイトなどですぐに大きな話題になります。**新聞でも報道されていないプライベートな情報まで晒され,しかもそれはネット上に永遠に残ることなどについても注意喚起が必要**でしょう。

校長としては,職員の自覚を促すしかありません。ですから,こういった働きかけで職員の危機管理意識を高め,**少なくとも「やってはいけないことだとは思わなかった」ということはないようにしておきたい**ものです。

☑ 実際に経験した校長から話を聞く

可能であれば,実際に不祥事対応を経験した校長から,学校の内外でどのようなことが起こったのかを聞くとよいでしょう。おそらく,**経験者にしかわからない,予想もできないようなことも起こっているはず**です。了解を得たうえで,問題のない範囲で職員にも伝えれば,危機管理意識はさらに高まるでしょう。

心得
32

不祥事を防止する完全策は存在しないことを認識しよう。
インターネット全盛の今日特有の問題にも注意が必要。
実際に不祥事対応を経験した校長の話は一聴の価値がある。

使える校長講話

5 集会講話（9月ごろ）

使ってはいけない言葉

　今日は言葉の話をします。
　"使ってはいけない言葉"というものがあります。
　あなたのよさをいっぺんになくしてしまう，「キモい」「ウザい」「バカやろう」などという汚い言葉です。

　汚い言葉を使うと，汚い心が出てきます。
　汚い心が出てくると，さらに汚い言葉が出てきます。
　そして，さらに心が汚くなる…という悪い循環に陥ります。
　また，汚い言葉というのは，人が言っているのを聞いているだけでも嫌な気持ちになります。

　さて，ここからが私が伝えたい，一番大切なことです。
　汚い言葉を使ったときに，その言葉を一番近くで聞いている人はだれでしょう。
　そうです。それは，自分です。
　自分の耳が，自分の汚い言葉を一番近くで聞いているのです。

　だれかに向かって汚い言葉を浴びせているつもりでも，実は一番に自分へその言葉を聞かせているのです。気づかないうちに自分自身が嫌な気持ちになっているはずです。自分が吐いた毒で自分がやられてしまうのです。

　美しい言葉はその逆です。

第6章
保護者，地域の信頼を獲得する学校広報

　県教育委員会に勤務していたとき，学校に対する県民からの苦情電話に対応することは，私の仕事の1つでした。
　実は，苦情の半分ほどは，電話をかけておられる方が学校のことを誤解していることが原因と思われるものでした。逆に言えば，学校が考えや情報をしっかりと保護者，地域に伝えていないことから問題が発生しているのです。
　このような観点からも，学校の情報を「広報する」という概念は今や不可欠です。

第6章
保護者，地域の信頼を
獲得する学校広報

33 学校を「広報する」という概念をもつ

学校を「広報する」という概念をもつ。
どの立場からも情報発信できるようにする。
ちょっとした情報提供でも保護者には喜ばれる。

☑ 学校広報の重要性

　学校広報について，国際大学GLOCOM准教授の豊福晋平氏は，次のように述べておられます。

　学校広報は古くて新しい言葉です。日本国内で広報(public relations)は宣伝(promotion)とほぼ同義で使われているので，児童・生徒募集を行わない学校にとっては関係ない世界だと思われる方も多いのではないでしょうか？　また，宣伝には，物事を誇示して相手に印象付けるというイメージがありますから，誠実さや実直さを求める学校教育にはふさわしくないと考える方がいらっしゃるかもしれません。しかし，それらはどちらも間違いです。
　学校広報の定義とは「学校と利害関係者（ステークホルダ）との間で十分理解し合い，友好的な協力関係を築くために行う活動」（D. M. Bortner 1972）です。利害関係者（ステークホルダ）には，児童生徒・保護者はもちろん，教育委員会から住民まで広い範囲の人々が含まれます。つまり，一方的な情報伝達のための告知・宣伝というよりは，むしろ，相互の関係形成・維持が求められているわけです。

　　　　愛される学校づくり研究会HPコラム「学校広報を考える〜地味でベタな情報発信」第1回より

私は、**学校広報は告知・宣伝ではなく、学校が保護者や地域との信頼関係を構築するためには欠くことができないツール**だと理解しています。

☑ どの立場からも情報発信できるように

校長以下，職員ならだれもが学校に関する何らかの情報をもっています。その情報の中には，保護者や地域に伝えておきたい，伝えておかなければならないものがたくさんあるはずです。

例えば，物品購入に関する情報です。どんな流れで保護者に伝えているでしょうか。卒業式のお知らせはどうでしょう。部活動の状況（大会日程や結果）などは保護者も特に知りたい情報です。

学校広報という観点から考えると，情報は組織的かつ効率的に発信したいところです。ところが，上の3つの例だけでも，校内の担当者はそれぞれ異なっています。そこで，学校ホームページなど**広報に関する校内ルールを決め，どの立場からも情報発信ができるように手段を整える**とよいでしょう。もちろん最終責任者は校長です。

☑ ちょっとした情報提供で保護者の心をつかむ

どの学校も年間行事表は家庭に配付していると思いますが，加えて，**行事が近くなったら学校ホームページでピンポイントの告知**をしました。

「体育大会では生徒会主催による全体応援を今年から始めます。我が校の名物応援になるはずです。13時から開始予定です。ぜひお越しください」

ちょっとした情報ですが，保護者には大変好意的にとらえてもらえました。

心得 33
学校の情報を「広報する」という概念は今や不可欠。
職員ならだれもが情報発信できる手段を整えよう。
伝えようという姿勢が保護者の心をつかむ。

第6章
保護者,地域の信頼を
獲得する学校広報

34 情報を確実に保護者に届ける工夫

CHECK 学校からの文書配付の頻度は非常に高い。
文書にちょっとした工夫を施す。
学校ホームページで配付文書を閲覧できるようにする。

☑ 配付文書が保護者の手に届いているか

　年間に学校から家庭に向けて配付する文書はどれぐらいあるでしょうか。**教育行政から届くチラシ等も含めると,2日に1枚ぐらい**といっても過言ではないでしょう。また,授業においてもかなりの量のプリントが配られます。それらを鞄に入れて持ち帰り,親に見せなくてはいけない文書を確実に渡す生徒がどれほどいるでしょうか。

　こう考えると,配付文書が保護者の手に届かないことが多いのもある意味うなずけます。

☑ 文書のちょっとした工夫

　以前にある保護者の方からいただいたアイデアです。**子どもがとにかくたくさんの文書を持ち帰るので,PTA関連のものだけ紙の色を変えてはどうか**というものです。

　確かにその通りです。ほとんどが白色の紙での配付なので,その中に違う色の文書があれば嫌でも目につきます。

　さっそく実行することにしたのですが,その方に紙色の要望を伺ったところ,サーモンピンクがいいと言われました。水色や薄黄緑色,クリーム色を

使うことはわりとありますが，サーモンピンクはあまり見ません。おかげでPTA関連文書は，どこにあってもすぐにわかるようになりました。

また，PTA関連文書の上部には，次の言葉を入れるようにしました。

「PTA関連の文書は，このサーモンピンク色の紙に印刷してお届けします。この色の文書を見たら，必ず目を通してください」

このように書き込むことで，このように工夫してまでも，ぜひとも伝えたいのですという思いを表したのです。

この試みが成功したので，校長からの文書は黄緑色にするなどして，目立つようにしたらよいのではないかという意見もありましたが，これは行いませんでした。もともと教育行政から届くチラシなどはフルカラーの印刷物が多く，色紙の文書が増えることにより，結果としてどれも目立たなくなってしまうことを危惧したからです。

☑ 学校ホームページに配付文書をアップする

今日，自校文書はほぼすべてがデジタルで作成されており，手書き文書はまず見当たりません。

こうなると，**学校ホームページで配付文書を閲覧できるようにする**のもとても簡単なことです。ワードや一太郎などで作成した文書を，PDFファイルに加工します。ホームページには「○○のお知らせ」といった記事タイトルのみ書き，そのファイルへのリンクを張れば完了です。

もし配付文書を紛失したりしても同じ文書をいつでも閲覧できるので，保護者にとっても大変便利です。

心得34　学校から配付される文書の多さを再認識しよう。
文書が目にとまるような工夫も必要。
学校ホームページも積極的に活用しよう。

第6章
保護者,地域の信頼を
獲得する学校広報

35 ホームページは学校広報の最適ツール

学校広報の最適ツールはホームページ。
ホームページ構成は校長の仕事。
ホームページに思いをのせる。

☑ 学校広報の最適ツール「ホームページ」

　以前は学校広報の手段は紙でした。紙のよさはありますが,多くのことを伝えようとしても紙面には制限があります。たくさん撮った写真で詳細を伝えようとしても,カラー印刷をして配付することは予算的に大変でしょう。またその日の出来事をその日に記事にして発行するというのは,なかなかできることではありません。

　ホームページは上記の問題をすべてクリアできます。**「学校広報の最適ツールはホームページです」**と言いきっても,異論はまず出ないでしょう。

☑ ホームページを構成するのは校長の仕事

　このタイトルを見て,ホームページを構成することなどが校長の仕事であるはずはないと考える方もおられると思います。

　しかし,ホームページは,学校広報の最適ツールです。その内容について校長が責任をもつことは当たり前なのです。もちろん,校長がホームページの仕組みや更新の仕方を詳しく知る必要はありません。ホームページのトップページに何をのせるかを決めることを構成ととらえてください。**トップページで学校広報への真剣度が判断される**と思って間違いありません。

所在地，電話番号，FAX番号，代表アドレス，校長名などの基本情報を欠くことはできません。そのうえで学校がぜひとも伝えたいと考える情報が掲載されるコーナーを設けるとよいでしょう。

　私の場合，トップページに4つのコーナーを置きました。**「よくわかる教育活動」「ABCDの原則」「鍛える 学び合う学び」「教育の情報化」**です。

　「よくわかる教育活動」では，まさに自校の教育について校長の考えを語るコーナーです。文化祭で一番大切にしていること，生徒に期待していることなどをわかりやすい言葉で発信してきました。

　「ABCDの原則」では，生徒に言い続けている人としての基本である「A＝当たり前のことを　B＝バカにしないで　C＝ちゃんとやれる人こそ　D＝できる人」が具現化されている生徒の様子を写真に撮り，紹介しました。

　「鍛える 学び合う学び」は，自校の授業づくりの方針です。友と学び合い，互いに高めようという精神を大切にして，それが表れている授業シーンを写真に撮り，校外ばかりではなく，校内も意識して発信をしました。

　「教育の情報化」では，校内に配置されたICT機器を使っている様子を伝えるために設けたものです。

☑ ホームページに思いをのせる

　ホームページ構成そのものが校長の思いを具体的に示すことになるということに気づかれたことでしょう。ホームページのよさは，自由に構成できることです。コンテンツ変更が容易にできるよさを生かしたいものです。校長の思いがすぐにでも発信できるツールととらえましょう。

心得35　ホームページは学校広報のために欠かせないツール。
トップページで学校広報への真剣度が判断される。
ホームページの構成は校長の考えそのものであると認識しよう。

第6章
保護者，地域の信頼を
獲得する学校広報

36　ホームページをフル活用する

ホームページは学校の内部広報でもある。
ホームページ記事を学級経営に生かす。
学校のデータベースとしても活用する。

☑ ホームページは学校内部への発信媒体でもある

　ホームページというと，学校から外部への発信媒体と考える人がほとんどです。しかし，長年，ホームページ発信を行ってきて確信したことがあります。それは，**ホームページは外部ばかりではなく，内部への発信ツールとしても，とても有効である**ということです。
　一定以上の規模の中学校は学年体制で動くことがほとんどですから，他学年の状況はあまりつかむことができません。大規模校になると他学年がどのような行事を行っているかも知らないことがあります。また，生徒会活動や委員会活動も担当者は把握できていますが，担当外となると，その内容を知らぬまま過ぎてしまうことがあります。中学校においては大きな位置を占める部活動の状況も同様です。忙しさから，情報を共有することが難しいという学校は少なくありません。
　そこで役立つのがホームページです。学年行事の報告記事を見て，異学年担当の職員同士がひと声かけ合うような機会が生まれます。部活動の大会報告も同様です。「野球部の記事を見たよ。〇〇君，ヒットを打ったんだね。教室でもほめておくよ」といった会話につながるのです。

✓ ホームページ記事を学級経営に生かす

　前項で紹介した通り，私は「ABCDの原則（当たり前のことを　バカにしないで　ちゃんとやれる人こそ　できる人）」を折々に提唱し，「ABCDの原則」を象徴する場面を写真に撮ってコメント付きでアップしてきました。

　この**記事を教室の大型ディスプレイに表示して活用する**担任がいました。

　「この写真を見てください。トイレのスリッパがきれいに並んでいます。これは我が学級の清掃担当のトイレです。みんながいつも意識してスリッパを並べていてくれるので，いつ写真を撮ってもこのような状態なのです」といった具合に，ホームページの記事を学級経営に生かすのです。

　「なるほど！」と思いました。**学級経営，生徒指導に生かすことができる記事はたくさんあります**。休日にボランティア活動を行った報告記事で該当生徒をほめたり，活動の意義を話したりすることもできます。まさに記事は使い方次第で，大きな価値を生むのです。

✓ 学校のデータベースとして活用する

　ホームページの**サイト内検索機能を用いると，過去の記事や文書を簡単に引き出すことができます**。例えば，私は過去の校長講話を確認する際に活用していました。「始業式・式辞」で検索すると，該当する式辞がすべて出てきます。儀式行事における舞台設定なども，写真付き記事が出てくるので，演台，補助台，花台，国旗などの位置確認が容易です。ホームページは，学校のデータベース（記録検索ツール）としても活用できるのです。

ホームページは学校内部への発信媒体でもあると認識しよう。
ホームページ記事は，学級経営や生徒指導にも活用できる。
記事の蓄積はデータベースとしての価値を生み出す。

第6章
保護者，地域の信頼を
獲得する学校広報

37 緊急連絡メールを活用する

緊急連絡メールの活用頻度を確認する。
活用範囲を広げることを検討する。
回答機能を活用することで充実を図る。

☑ 緊急連絡メールを使う頻度

　今や多くの学校で緊急連絡メールが導入されているようです。保護者へ安心・安全を提供するツールであること，メールシステム導入・運用コストはコンピュータ導入コストとは比較にならないほど低いことなどから，導入が進んでいるのでしょう。

　さて，その活用頻度は年間どれほどでしょうか。勤務校においては，導入年度は年間2，3回という程度でした。「緊急」という名称から，警報発令に伴う急な下校連絡など，まさに「緊急」時にしか使っていなかったのです。これではシステムへの投資がもったいないと思いました。

　もっとも，市からは緊急連絡メールの活用方法について詳細な指示はなかったので，こちらの思い込みもありました。そこで，主任らと相談して**保護者に確実に連絡を届けるツールの1つとして活用する**ことにしました。

☑ 活用範囲を広げる

　まず，どのような場合にこの連絡メールを活用するかを明確にしておかなければなりません。勤務校では，次のどれかに該当する場合に活用することにしました。

❶台風接近等に伴う急な予定変更（警報発令による一斉下校決定など）
❷インフルエンザ感染等による学級閉鎖決定（ただし該当学級のみ）
❸定例集金引き落とし日の通知（あらかじめ年間計画は文書で配付済み）
❹学校行事の開催／中止通知（天候不順等で開催についての問い合わせが多くなると予想される場合のみ）

　このように範囲を広げたことで，年間の活用頻度は随分と上がりました。メールの文面はひな型を用意し，容易に作成できるようにしました。

☑ 登録者からの回答機能を活用する

　この種の連絡メールには，登録者からの回答を求める機能がついているものがあります。

　この機能は，**インフルエンザの流行中にとても重宝しました**。2012年4月1日の「学校保健安全法施行規則」改正前は，生徒の出席停止期間の基準は，「解熱後2日間は出席停止」でした。改正後は，それに加えて「発症後5日間は出席停止」という条件が追加されました。

　改正前，学校は欠席生徒の「解熱」の状況を把握するために，各家庭に電話連絡をして集約し，「この状況ではあと2日学級閉鎖を延長すべきだ」といった判断をしていました。これが連絡メールで回答を求める機能を使うと，短時間で該当者の状態をつかむことができるようになったのです。

　この機能を活用すると，**様々な場面で保護者の考えの傾向も大づかみできる**はずです。PTA役員と活用方法を検討し，有効に利用するとよいでしょう。

緊急連絡メールを活用している頻度を確認しよう。
保護者に連絡するシステムと考えると活用範囲が広がる。
回答機能があれば，さらに充実した活用ができる。

第6章
保護者，地域の信頼を
獲得する学校広報

38 小刻みな学校評価と公表

評価すること自体が目的となってはいけない。
小刻みな自己評価で改善点を明確にする。
ICTを活用して短時間で評価を実施する。

☑ 評価すること自体が目的となっていないか

　学校評価の「自己評価」は，学校教育法施行規則第66条により公表することと定められています。したがって，どの学校においても何らかの形で自己評価を行い，公表，あるいは公表するための資料を準備していると思います。
　ところで，自己評価はどのように行っているでしょうか。学校の状況によって様々な自己評価の方法があり，これがベストであると言えるものはありません。しかし，どのような方法をとっても評価すること自体が目的となってはいけません。
　学校教育法42条には，「小学校は，文部科学大臣の定めるところにより当該小学校の教育活動その他の学校運営の状況について評価を行い，その結果に基づき学校運営の改善を図るため必要な措置を講ずることにより，その教育水準の向上に努めなければならない」（中学校においても準用）とあります。つまり，**評価結果に基づき学校運営の改善を図ることが目的**なのです。
　また，同法第43条では，「小学校は，当該小学校に関する保護者及び地域住民その他の関係者の理解を深めるとともに，これらの者との連携及び協力の推進に資するため，当該小学校の教育活動その他の学校運営の状況に関する情報を積極的に提供するものとする」とあります。ここで定められている

のは，まさに学校広報のことです。学校のことを保護者や地域に広報することによって理解を生み，学校との連携が生まれると記してあります。

☑ 小刻みな自己評価の公表

情報を受け取る保護者や地域住民にとっては，一度に大量の情報提供がなされても，消化しきれません。学校においても，**年間を通した自己評価では，振り返り項目が多くなりすぎて，職員に意見を求めるだけでも集約と整理が大変**になってしまいます。

そこで，自己評価は小刻みに行うことをおすすめします。例えば，学期ごと，あるいは行事終了時の節目ごとの自己評価です。対象期間が短ければ振り返り項目は少なくなり，集計や改善点考察も短時間で終えられます。自己評価の裏づけとするための生徒や保護者対象アンケートも同様です。

集計結果に基づいた改善点も，シャープな内容になります。例えば，「来年度の体育大会では保護者参加種目の設定を望む声が多くあったことを受けて，種目検討を始めることにします」など，的を絞った内容になります。こうした内容であれば，受け取る保護者や地域住民にもわかりやすいはずです。

なお，**ICT を活用して，小刻みにアンケートをとることも可能**になってきました。市販されているシステムもありますし，ネット上から無料で手に入るアンケート集計システムもあります。手作業では保護者アンケートを作成し，回答を依頼し，それを集約するだけでもかなりの時間がかかってしまいます。学校の多忙化を防ぐためにも，ICT の活用を検討されることをおすすめします。

学校改善のための学校評価であることを忘れてはいけない。
小刻みに振り返った方がシャープな改善案が生まれる。
ICT を上手に活用して評価の負担を軽減しよう。

6 文化祭閉会式講話（11月ごろ）

文化は受け取る側がつくる

　文化祭を終えるにあたってお話をしたいと思います。

　開会式で「文化は受け取る側がつくるものだ」と言いましたが，この2日間，君たちはそれをしっかりと実践してくれたと思います。もっとも，これだけの質の高い発表，つまりすばらしい発信があったからこそ，しっかりとした受け取り手になれたのだとも思っています。

　さて，コーラス大会の学年合唱，1年生は「ふるさと」でした。忘れてならないのは，あの2011年3月11日の大震災以後，「ふるさと」に帰ることができない君たちと同年齢の人たちがたくさんいることです。

　「ふるさと」を口ずさむたびに，「ふるさと」に思いをはせて，涙を流している人もいるかもしれません。安全で安心していられるこの場で，みんなで，こうして「ふるさと」を歌えることの幸せを感じてほしいと思います。

　2年生の学年合唱は「大切なもの」でした。「大切なものに気づかない僕がいて」という歌詞がありましたが，こうして心を許し合える仲間，安心して過ごすことができる学校があるからこそ，このような文化祭ができるのです。改めて「大切なもの」に気づいてほしいのです。

　安心できない環境では，文化は生まれません。不安な毎日の中では文化を築くことはできないのです。

　3年生の学年合唱は「花は咲く」。復興を願った歌です。どのようなことがあっても，思いはしっかりと未来へつないでいきましょうという歌ですが，3年生が歌に込めた思いは後輩たちにしっかりと伝わったことと思います。

　このようなすばらしい文化祭をつくり上げた皆さんを，校長として本当に誇らしく思います。ありがとう，よくがんばりました。

第7章
校長ならではの生徒とのかかわり方

　私が目標としてきた校長の一人は，自分が中学生のときの校長先生です。生徒一人ひとりをとても大切にされる方で，卒業間際には直に話す機会を設けてくださいました。そのとき「将来はプログラマーになりたいです」と夢を伝えましたが，いつしかその夢は教員に変わりました。
　そして，初任の際，その校長先生に報告に行くと，「君はプログラマーになりたいと言っていたね」と，7年も前の私の話を覚えていてくださったのです。大変感激し，校長になったら，この方のように生徒とのかかわりをもとうと心に刻みました。

Chapter 7

第7章
校長ならではの
生徒とのかかわり方

39 生徒の名前と顔を覚える

生徒の名前と顔を覚える。
名簿を利用して生徒の記録を蓄積する。
記録を基に学級訪問をする。

☑ 生徒の名前と顔を覚える

　理想を言えば、すべての生徒の名前が言える校長でありたいものです。校長が生徒の名前をスラスラ言えれば、生徒ばかりではなく、職員からも尊敬されるでしょう。

　しかし、小規模校であれば全校生徒の名前と顔を覚えるのは比較的簡単ですが、大規模校となると、なかなかできることではありません。私自身も生徒数が800人を超える学校に勤めていたときは、覚えても次から次へ忘れてしまう状態で、情けない思いをしました。

　こうした中でも、**名簿を利用して記録をとることは記憶に留める効果が**あったので紹介します。

☑ 名前を聞いたら名簿に記録する

　特別な名簿を準備したわけではありません。学級担任が使用している名簿をもらい、常に校長室の机上においておきました。

　そして、**会議の折や職員室で、生徒名を耳にしたときにその名簿に簡単なメモをしておく**のです。大きな欄ではないので、記号のような記録です。例えば、地域ボランティアで活躍したと聞けば、「ボ」と記録しておくだけで

す。生徒指導部会で名前を聞けば，後日，その話題が想起できるように短い単語をメモしておきました。

　集会時に表彰伝達をするときは，教務主任が名前を読み間違えないように，必ずフリガナをふった表彰者一覧を用意してくれました。これを基に名簿に記録をしておきました。大規模校なので毎回表彰する生徒数も多く，名簿記録は一気に増えます。

　また，校門でのあいさつ時や，校内巡回の折に名前を覚えることができた生徒がいます。校長室に戻って，顔を思い浮かべながら，名前を覚えた印（◎）をつけました。

☑ 記録を基に学級訪問をする

　この名簿記録には，校内巡回前に目を通しました。学級数が多かったので，**特定の学年に決め，名簿を眺めてから校長室を出る**のです。

　名簿にメモがあった生徒名を思い出しながら，教室の前の方から授業を見ていると，「職員室で名前を聞いた生徒はあの子だな」というふうに，生徒を見つけることができました。直接生徒と話すことができれば，記憶にしっかり留めることができるとは思いながら，授業中ですから，それはなかなか叶いません。

　時には，教室に置いてある座席表と名簿記録を眺めながら，教室訪問をすることもありました。名前を覚えるための努力です。

　もちろん，教室で新たに名前を覚えることができた生徒もいます。校長室に戻り，忘れないうちに記録することを心がけました。

生徒の名前がスラスラ言える校長を目指そう。
学級名簿に記録を重ねることで自分の努力を見える化。
名簿記録に目を通して学級訪問に出かける。

第7章
校長ならではの
生徒とのかかわり方

40 教室や部活動訪問を楽しむ

教室や部活動に顔を出す。
質問を中心に生徒とコミュニケーションをとる。
学校ホームページでの発信を楽しむ。

☑ 教室や部活動に顔を出せる喜び

「校長というのは,なかなか学校にいることができないですね」

これは新任校長がよく口にする言葉です。就任してみるとわかりますが,けっこうな頻度で学校外での用務が入ります。したがって,教室や部活動訪問ができる時間は限られているのです。しかし,生徒あっての校長です。生徒とかかわりをもてる教室訪問や部活動見学に積極的に出かけましょう。

教室訪問に出かけると,様々な出会いや出来事があります。

教科担任が机間指導をしているときです。同様に自分も生徒が書いているノートを見ようと机の間を歩いていました。ある生徒が私に向かって,「校長先生,暇だね」と言ったのです。この生徒は校長の教室訪問は仕事とは知らなかったのです。前の校長先生は,ほとんど教室訪問をされなかったようで,今度の校長は暇だから教室に来るのだと思っていたようです。

この日の午後,生徒集会がありましたので,さっそく次のように全校生徒に話しました。

「この中に私に向かって『暇だね』と言った人がいる。校長は暇じゃない。この学校の教育目標は何だ? 学び続ける生徒を育てると掲げているんだ。君たちが学んでいる授業中の姿を見ずして,ここの校長はやっていられない

のだ」

　1週間後，たまたまその教室に出向き，その生徒に出会いました。今度は私の顔を見て「校長先生，お忙しそうですね」と言ったのです。ユーモアを感じさせる言葉に和みました。

☑ 短い質問を中心としたコミュニケーション

　授業者が話している最中に生徒に質問するのは授業を邪魔することになるので慎むべきですが，**授業の流れを見計らって生徒に話しかける**とよいでしょう。会話を生み出すコツです。

　「今は，何を調べているのかな」
　「意見が分かれたから，資料でもう一度調べているんです」
など，**生徒が答えやすい短い質問をする**といいでしょう。わずかな会話でも生徒は喜ぶものです。私はこうした会話で見せる生徒のちょっとした笑みに教師としての喜びを感じていました。

☑ 「ホームページに載せたいな」

　教室や部活動訪問でよく発する言葉が「ホームページに載せたいな」という言葉です。**ホームページは生徒や学校の「いいとこ見つけ」発信媒体**だと考えているので，訪問する際は必ずカメラを持参していました。積極的に発言する姿，仲間の発言に注目する姿，自分の考えをノートにしっかり書き込んでいる姿など，教室にはホームページネタがいっぱいあります。生徒もカメラ持参の校長訪問を楽しみにしていました。

心得40
生徒の傍らにいることができる喜びを感じる校長でありたい。
生徒とのやりとりを生み出すコツは，質問すること。
訪問で見つけたよさはホームページで積極的に発信しよう。

第7章
校長ならではの
生徒とのかかわり方

41 生徒が訪問したくなる校長室をつくる

校長だけができる生徒とのつながり方をもつ。
生徒を校長室に呼び込むしかけをする。
学級担任の心遣いに気づく。

☑ 生徒にとって校長室は特別な部屋

　校長室に生徒を招き入れることには，人によって好き嫌いがあると思います。とはいえ，**生徒にとってそれは特別なことで，校長室に入ったことや，そこで校長と話したことを長く記憶に留めてくれる**ものです。校長の楽しみの1つとして，無理のない範囲で，生徒を呼び入れることを考えてはいかがでしょうか。

☑ 校長室で待つ楽しさ

　「校長室に入りたい人はぜひ来てください」と呼びかけることほど無粋なことはありません。中学生であれば，まず来ることはないでしょう。やはり，**何らかの教育活動と結びつける**とよいと思います。
　例えば，私は次の試みをしました。
　「命を実感するプロジェクト」を推進していたときのことです。図書館担当者が，プロジェクトの一環として，図書館に命に関する本のコーナーをつくり，400冊の本を置いてくれました。校長として指示したわけではありません。担当者が自発的に取り組んでくれたのです。校長としてこんなにうれしいことはありません。この400冊の本をより多くの生徒が手に取ってくれ

るように支援することが校長としてすべきことだと思いました。

そこで，そのコーナーに「校長からのお願い」を掲示したのです。

「400冊の命に関する本を全部読んでみたい。しかし，時間的にも物理的にも無理です。そこで皆さんにお願いです。このコーナーの本を読んだ人は，ぜひその本を持って校長室に来て，私に本の内容を教えてください。校長室に来てくれることを楽しみにしています。本を紹介してくれた人には，ささやかなプレゼントを差し上げます」

最後のささやかなプレゼントには賛否両論があると思いますが，100円均一ショップで，文房具類をたくさん購入し，選ばせることにしました。校長室で待つ楽しさは格別でした。

☑ 担任の心遣いに気づく

お願いを掲示して数日後に，2人の女子生徒が校長室にやってきました。もちろん，命に関する本を持参しています。さっそく本の内容を聞きました。内容がわかるように話すことは，ある意味，国語力を高めることにもつながるなと思いながら聞きました。そして，ホームページを使って，他の生徒や保護者にも伝えたいと思い，本を持っての写真撮影を依頼しました。2人とも快諾してくれたので，さっそく校長室訪問を記事にして発信しました。

日が経つにつれて，訪問生徒はどんどん増えてきます。うれしい悲鳴を上げるほどでした。訪問生徒を名簿でチェックしているうちに気づいたことがあります。特定の学級に偏っているのです。**学級担任が校長の思いを知り，後押ししている**に違いありません。これもとてもうれしい出来事でした。

校長だからできる試みを楽しむ余裕をもちたい。
生徒と交わる楽しさは格別。
職員による密かなバックアップにも気づけるようになろう。

第7章
校長ならではの
生徒とのかかわり方

42 生徒を鍛える校長になる

生徒は学校の全職員で育てる。
校長として生徒を鍛えることに喜びを見いだす。
課題を与えて生徒を鍛える校長になる。

☑ 全職員で生徒を育てる

　全職員で生徒を育てる学校を実現したいとは，だれもが思うことですが，なかなかできることではありません。職員を見ていると，「あの生徒は私の学級ではないので…」「あの生徒は違う部活動なので…」といった消極的な姿勢を垣間見ることはないでしょうか。特に生活面で指導しなければならない場面ではありがちなことです。

　また校長自身も，生徒の状況がわからないこともあって，指導すべき場面に遭遇しても，どのように対応したらよいかを迷うことがあります。しかし，**見過ごしてしまうと，後味が悪いもの**です。私自身はとにかくかかわりはもとうという姿勢を保ちました。全職員で生徒を育てたいと考えている以上，避けるわけにはいかないからです。

☑ 生徒を鍛えることに喜びを見いだす

　授業訪問をしていたときです。社会科の授業でした。「国土地理院発行の地図には，1万分の1，2万5千分の1，5万分の1があって…」と教師が説明している場面でした。それを聞いてふと思ったのです。「1万分の1の次は，2万分の1であってもいいのに，なぜ2万5千分の1なのだ」と。

そこで，すぐ近くの男子生徒に聞いてみました。「わかりません」という返答です。「先生に聞いてごらん」と促したのですが，恥ずかしそうにしています。しかたがなく，私がこの質問を教師にしたのです。返答は「そうなっているのですが…」という歯切れが悪いものでした。
　そこで，教室の生徒に「私の疑問を解決してほしい。わかった人は校長室に来てください。何かささやかなプレゼントをあげよう」と呼びかけました。
　2日後です。校長室に2人の生徒がやってきました。疑問が解決したというのです。インターネットで調べたというのですが，そのまま疑問を入れたところでヒットはしません。かなり苦労したようです。一番感心したのは，**ネット情報をそのまま印刷して持ってくるのではなく，わかりやすく要点をまとめた手書きレポートを持ってきた**ことです。これこそ校長が生徒を鍛えるかかわり方だと思いました。

☑ 生徒に課題を与えて鍛える

　教室訪問に新たな楽しみができました。生徒に課題を与えて鍛える楽しみです。私は授業の最終場面で，1，2分間の時間をもらって投げかけます。
　「授業を見ていて，ふと君たちがどう思っているか知りたくなりました。点は図形ですか，図形ではありませんか」
　「教科書には載っていないクランクが使われているものがたくさん知りたくなりました」
　いずれも最後は，**「校長室に来て説明してほしい。ささやかなプレゼントを差し上げよう」**と呼びかけました。

**心得42　全職員で生徒を育てるには校長の率先垂範が必須。
生徒を鍛えることに喜びを見いだそう。
課題を与えて生徒を鍛えることが楽しくなる。**

第7章
校長ならではの
生徒とのかかわり方

43 ホームページに生徒を登場させる

生徒の「よいところ見つけ」に取り組む。
その生徒のよさの価値づけをする。
学校ホームページで紹介する。

☑ 積極的に生徒の「よいところ見つけ」をする

　全職員で生徒を育てる理念の具現化として，校長として，生徒の「よいところ見つけ」を心がけてきました。チャンスは意外にあるものです。
　あるとき，「実物投影機がほしい」という職員の声を聞き，古い機種でもないよりあった方がましだろうと判断し，自宅で眠っていた実物投影機をある学級に配置したのです。
　その学級の生徒の1人が，この実物投影機は使い物にならないと言っているという情報が入りました。「せっかく持ってきたのに，なぜそんなことを言うのか！」と思い，校長室に来るように指示しました。
　その生徒がやってきました。「どのように使い物にならないのかを教えてほしい」と聞いたところ，その生徒はびっくりするほどの知識をもっていて，「ランプの発色がとても悪い，その原因は…」と，その理由を滔々とまくしたてたのです。正直，知識では到底勝つことはできないと思いました。
　聞けば聞くほど感心する話が出てきます。コンピュータのことにも，とても詳しいことがわかりました。校長として，この生徒のよさを全校に伝えたいという衝動に駆られました。
　「相談だが，今回の校長室訪問のことを記事にしたいのだ。あなたの笑顔

の写真をつけて発信していいかな」
と聞いたところ，快諾してくれました。この記事を見た職員から「あの子にはこんな知識があるのですねえ。全然知らなかった…」という声がありました。生徒のよさを価値づけることができた事例です。

☑「ICTトラブル解決部隊」の結成

　コンピュータに詳しい生徒との出会いで，1つ浮かんだアイデアがあります。「ICTトラブル解決部隊」の結成です。

　教室からもインターネットにつなぐことができるように無線LANの設置がされていたのですが，何かとトラブルが起こりました。また，そのトラブルは機器の再接続，スイッチの入り切り等わずかな時間で修復できることがほとんどでした。ところが，トラブルが続くと教師は修復が面倒になり，教室に設置したICT機器やデジタル教科書を使わなくなってしまいます。

　しかし，コンピュータに詳しい生徒の出会いでひらめいたのです。彼をリーダーとして**各学級にICTトラブルが生じたら修復する生徒を配置しよう**と。早々に彼を校長室に呼び，結成の相談をしました。もちろん大喜びです。各学級から選ばれた精鋭たちに，彼は修復のノウハウをわかりやすく説明してくれました。ただちに各学級で隊員たちが動き始め，おかげでトラブル報告はほとんどなくなりました。正確にはトラブルは続いたのですが，すぐに修復できたので報告が上がってこないのです。この部隊のこともホームページで紹介しました。それを見て，地元新聞社が記事にしてくれました。ホームページどころか新聞にも掲載され，広く知られることになったのです。

心得 43 校長自身が生徒の「よいところ見つけ」を積極的に行いたい。
生徒のよさを価値づけするのは教師の仕事。
広くよさを知らせることができる学校ホームページを活用しよう。

7 集会講話（12月ごろ）

授業時間と２時間20分

　今日は授業時間の話をします。

　１年間の授業時間はどれほどあるか考えたことがありますか。

　１年生の国語は週に４時間、社会は３時間、数学は４時間あります。１週間の全ての授業時間を合わせると、29時間になります。１年間ではどれほどになるかというと、1015時間です。この時間は、この中学校だけではありません。全国どこの中学校も1015時間となっています。

　よく考えてみると、実質はこれより少ないのです。授業時間は50分ですから、式で表すと「1015時間×50分＝50750分」となります。１年間の授業時間を分で表すと、50750分なのです。「５万分なんて、ものすごくたくさんの時間だ」と思ったでしょうが、それは大間違いです。

　この時間を１年365日でわってみます。「50750分÷365日＝約139分＝約２時間20分」になります。仮に学校が１年間毎日あったとしたら、１日２時間20分の授業を受ければよいことになります。８時に登校したら、11時には下校できるわけです。言い換えれば、家で毎日２時間20分の勉強をすれば、学校の授業時間と同じになるのです。授業と同じ時間だけ、家で勉強すれば力がつくのは当たり前です。

　さて、２時間20分を勉強に使わず、ネットやゲームに使ってしまっている人はいませんか。３時間も４時間も使ってしまう人もいるようです。もうすぐ冬休みになります。開放的な気持ちから、さらにネットやゲームに熱中する人がいるのではないかと心配しています。

　再度確認します。家庭での２時間20分は、とても貴重な時間です。必ず確保しなければならない勉強時間と考えてください。３年生は受験に向けての追い込みの時期です。この時間の２倍でも３倍でも取り組んでください。きっとその成果はさらに倍になって、あなたに返ってくるでしょう。

第8章
PTA，地域との関係の築き方

「PTAは副校長（教頭）に任せています」
こう言われる校長がいます。
　確かに，実務は副校長に任せることが多いと思いますが，本来校長が担うべき役割まで副校長に丸投げしてはいけません。校長は学校の顔です。この役割は，副校長には肩代わりできません。
　学校の顔として，応援してくださるPTAや地域の皆さんとの関係を築いていくことは，校長の仕事としてとても重要なものです。

第8章
PTA，地域との
関係の築き方

44 事前相談で関係を構築する

相談することが関係構築の第一歩。
学校を一緒につくっていく喜びを共有する。
小刻みな相談でコミュニケーションを生み出す。

☑「こんなことまで相談していただけるなんて…」

　この見出しの「こんなことまで相談していただけるなんて…」という言葉は，PTA役員の方が言われた言葉です。校長として赴任して1か月ほど経ったとき，PTA会長，副会長，地域コーディネーターの皆さん方に集まっていただき，「今年度から次のような取り組みを始めたいのですが，いかがでしょうか」と相談したときのことです。

　役員さんやコーディネーターさんは，これまでも同様の立場で学校にかかわってこられた方々です。ところが，校長から取り組みについて事前相談されることはなかったとのことで，随分と驚かれました。

　私としては，新たに赴任した校長が新しい試みを始めるわけですから，**役員さんらに意見を聞き，理解を得たうえで実施することで，応援をしていただけるだろう**と考えたのです。

　このときに相談した事柄は，「親子で学ぶ講座」「携帯等による保護者アンケート」の2件です。2つともPTAにかかわることで，講座については，夜に実施すること，予算的な支援をいただきたいこと，アンケートについては，携帯電話を活用することの是非を話し合いの焦点としました。

　ある役員さんが，この相談会を**「新しいことを始めるよ！戦略会議」**と命

名してくださいました。つまり，皆さん，とても好意的にとってくださったということです。

☑ 学校を一緒につくっていく喜びを共有する

随時，途中経過を伝えながら具体化を進めます。「親子で学ぶ講座」については，開催の合意が得られたその場で，講座ゲストへの依頼電話をしました。そして，見事こちらのお願いが通れば，拍手も起こります。まさに，一緒に新たな学校をつくっていく過程を味わってもらったのです。

講座開催にあたっては，PTAの皆さんに受付，講師接待，会場設営，片づけまでお願いしました。企画の段階で相談していますので，仕事分担も当たり前のように考えていただけました。**はじめの一歩からのかかわりは，想像以上につながりを強化してくれる**のです。

☑ 小刻み相談が功を奏す

つながりを強くするには，やはりコミュニケーションを重ねることです。
「講師の出迎えが学校側は無理なので，助けていただけないでしょうか」
「出席簿をつくりたいのですが，PTAさんにお願いしてもいいですか」
「遠くから講師さんがいらっしゃいます。おもてなしとして，懇親会を計画していただけませんか」
といったように，**相談事は意図的に小刻みにする**ようにしました。この方法は，共に学校をつくる気持ちを高め合うのに，とても効果的であったと思います。

心得44　相談し，理解を得たうえで実施すると，応援してもらいやすくなる。
一緒に新たな学校をつくっていく過程を味わってもらう。
小刻み相談でコミュニケーションを生み出そう。

第8章
PTA、地域との
関係の築き方

45 PTAと課題を共有する

 学校が何でも引き受ける必要はない。
課題を共有するためにPTA役員と相談する。
課題を共有することは学校を開くこと。

☑ 学校は何でも屋ではない

　校長は，「**学校は何でも屋ではない**」**という言葉をいつも心の隅に置いておくべき**です。昨今の学校は，あまりにも様々なことを引き受け過ぎているからです。正確には，引き受けざるを得ない状況になっています。**時には「これはお受けできません」ときっぱり言うことも大切**です。

　保護者に学校評価の一環としてアンケートを実施することがあるでしょう。書かれた自由記述を読むと，正直，腹が立つことが多々あると思います。これは学校がやるべきことではないというものもあるでしょう。

　こうした思いをもったときこそ，冷静に仕分けをするとよいと思います。「学校が対応すること」「保護者が対応すること」「地域が対応すること」「それぞれが協力して対応すること」などの観点で分類してみると，問題の所在が明確になってきます。こうした作業を通して，次の一手が浮かんでくるものです。

☑ PTAと課題を共有する

　体育大会後に行った保護者アンケートを整理していると次ページのような意見があったので，PTA役員に相談しました。

❶保護者席を中央にして，本部席を運動場の隅にすればよい。
❷観覧席をもっと広げてほしい。
❸日傘をさして見ている人がいるが，日傘はささないルールにしてほしい。
❹一番前で見ている人に，ある程度見たら，後ろの人と代わるように言ってほしい。

　❶のように非常に身勝手な意見もありましたが，アンケートを行って意見を求めたのですから，学校は何らかの検討はしなければいけません。

　とりあえず，PTA役員に相談しました。「このようなことを書く方がおられるのですね」というあきれ顔の方がほとんどで，中には「放っておけばいいですよ」という意見もありました。観覧席設定に関しては，学校の都合や考えをお話して，観覧席を移動したり広げたりすることは不可能であることを理解していただきました。

　❸，❹については，「PTA会議の折にこうした意見があったことを伝え，『お互い様ですので他の方々のことも気づかいましょう』と周知します。またサイト『PTAの部屋』に記事を書きます」と言っていただけました。対応から周知までPTAでやっていただけることになったのです。

☑ 課題の共有は真に学校を開くための第一歩

　このように，学校が抱える課題をPTAと共有することだけでも，大きな価値があります。**保護者の立場だからこそ生まれてくる課題解決の方法もある**でしょう。「学校を開く」は古い言葉になりましたが，課題の共有は真に学校を開くための第一歩です。

まずは学校が解決すべき課題かどうかを見極めよう。
課題を保護者と共有することに大きな価値がある。
保護者の立場だからこそ生まれてくる課題解決の方法もある。

第8章
PTA，地域との
関係の築き方

46 教育の話を保護者にわかりやすく伝える

保護者は学校のことを知りたがっている。
校長が保護者に教育の話をすることにも意義がある。
気持ちが伝われば，話をする機会は自ずと増える。

☑ 保護者は些細なことでも学校のことを知りたい

　保護者は，学校のことなら些細なことでもよいので知りたがっています。12年間の校長・教頭経験，5年間の教育行政職経験で，多くの保護者の方々と接してきて実感してきました。

　「自分の子どもに直接かかわることなら知りたいだろうが，はたして教育論や指導内容などは聞きたいのだろうか」と考える方もあるでしょう。私自身も当初はそうでした。しかし，PTA会議の折の校長あいさつで，最近の文部科学省の教育行政やそれに伴う変化について，いつもより長く話をしたところ，「こういう話なら，もっと聞きたい」という要望があったのです。校長は，**保護者に「学校にもっと関心をもってください」と言いながら，学校の内情を伝えていないのではないかと自省**する必要があります。

☑ 校長が保護者に教育の話をする意義

　PTA役員から提案がありました。「校長先生，PTA会議の折に『学校がよくわかる話』をしていただけませんか」と。以前から機会を設けて，学校の今現在の教育事情，これからの教育などについて話をしたいと思っていましたから，願ったり叶ったりの提案でした。

PTA会議の終わりに，20〜30分ほど時間をいただき，PTA役員の皆さん（30〜40名ほど）に話すことにしました。
　このような提案を自分がもらっても，話すネタに困るという方がおられるでしょう。しかし，堅い話でもしっかり聞いていただけます。例えば，次の話題でも十分に手応えを感じました。
　「学習指導要領・授業時数の変遷」では，保護者が中学生のときの標準授業時数と現在との比較を中心に話しました。時代によって教科の時間数に変化があることもご存知でない方がほとんどです。現在は外国語の授業数が国語を上回っていることや，理科の授業数の大きな変化に驚かれていました。
　「教科書採択の仕組み」では，どんな審議を経て教科書が決まるのかを中心に話しました。教科用図書選定委員会，採択地区協議会，選定資料等のことは教員もほとんど知りません。大変興味をもって聞いていただけました。
　聞き手の保護者は，PTA会議に出てきて特別に話を聞くことができたというお得感をもたれたようです。話し手の自分自身は，**教育の話を保護者にわかりやすく伝えるのも校長の大切な仕事の1つ**と考え，工夫を重ねました。お互いによい勉強の機会になったのは間違いありません。

☑ 気持ちが伝われば話す機会は増える

　いくらよい話といっても，わざわざ学校に足を運ぶ人は少ないものです。ですから，PTA会議などを利用して，まずは10分でもよいので時間を確保してもらいましょう。校長は学校のことを少しでも伝えたい，学校の今をわかってもらいたいのだという気持ちが伝われば，自ずと機会は増えてきます。

保護者は学校のことを知りたがっていることを自覚しよう。
堅い話でも工夫次第でしっかり聞いていただくことはできる。
話す機会を積極的に生み出そう。

第8章　PTA，地域との関係の築き方

第8章
PTA，地域との関係の築き方

47 地域コーディネーターを活用する

国による「チーム学校」の施策が進められている。
地域コーディネーターの活用をはかる。
地域コーディネーターの活躍の場は学校外にもある。

☑「チーム学校」が進む状況

　文部科学省は，「チーム学校」づくりを進めようとしています。
　「チーム学校」は，**「多様な専門性を持つスタッフを学校に配置し，学校の教育力・組織力を向上すること。校長のリーダーシップの下，教職員や様々な専門スタッフがチームとして適切に役割分担すること。これにより，教員は授業など子供への指導に一層専念できるようにすること」**と定義されています。国が提案している「チーム学校」の施策の中には，学校司書，ICT専門職員，主幹教諭・事務職員・養護教諭・栄養教諭の配置充実をはじめ，学習サポーターの配置も記されています。
　愛知県においては，専門スタッフの1人としてスクールカウンセラーの中学校配置（週1回）が行われています。カウンセラーには，保護者や生徒からの相談依頼が相次ぎ，相談時間の調整もできないほどの状況になっている学校もあります。

☑ 地域コーディネーターの活用

　小牧市では，10年前から地域コーディネーターが各中学校に配置されています。コーディネーターの選出も役割も，基本的には各学校で決めることが

できるので,まさに校長の裁量が問われることになります。

　勤務校では「学校で勉強していこうクラブ」を立ち上げたところでした。このクラブは,保護者の声がきっかけとなってできました。職員会議や研究授業など,教員が生徒の部活指導につけないときに下校時刻を早めるのですが,保護者から「早く家に帰っても,我が子は遊びの時間が増えるだけだ」という声がありました。確かに,そんな生徒は多いはずと判断して,クラブ参加希望者を募り,学校でほぼ2時間,自身の計画で勉強するクラブをつくったのです。

　このクラブの運営を地域コーディネーターに依頼しました。**コーディネーターの仕事は,「出欠確認」「はじめとおわりのあいさつ」「教室の清掃指示」「おしゃべりする生徒への注意」「がんばっている生徒への励まし」など**です。クラブは月平均3回ほど開催し,回を重ねるたびに生徒とコーディネーターのコミュニケーションが増し,和やかな雰囲気の中にも,引き締まった学習空間が生まれました。

☑ 地域で活躍する生徒を取材し,紹介

　コーディネーターには,**地域で活躍する生徒を取材し,学校ホームページの「地域の部屋」で紹介**していただくことにもしました。休日にボランティアで地域行事の手伝いをしている生徒も少なくありません。そんな姿をぜひ紹介してやりたいとかねがね思っていたのです。この思いをコーディネーターとの連携によって実現したのです。取材の折には,生徒にねぎらいの言葉もかけていただき,学校外においても生徒を育てていただきました。

　「チーム学校」の目的を理解しよう。
　地域コーディネーターの活用は有効。
　コーディネーターには学校外でも生徒を育ててもらうことができる。

第8章
PTA，地域との
関係の築き方

48 広報活動に出かける

校長が地域に出かける意義は大きい。
学校外に出かけることは広報活動を意味する。
特技を生かした広報活動を考える。

☑ 校長が地域に出かける意義

　校長として学校外に積極的に出かけているでしょうか。例えば，地域から催し物への出席依頼があることでしょう。「せっかくの休日なのに…」と，思うかもしれませんが，**こうした集まりへの参加は，学校にとってプラスになることが多い**ものです。

　地域の集まりに出席する際は，こちらから意識してあいさつをします。「こんにちは，小牧中の校長です」と声を出すことで，「わざわざ校長先生が顔を出してくださってありがとうございます」という声を何度もいただきました。**積極的に交わりをつくろうとすると，好意的に見てもらえるもの**です。

　会話を進めると，地域の方々の学校への思いを感じることもありました。
「私は第3回の卒業生です。長谷川校長さんの時代でした」
「長谷川先生は，初代校長ですね。15年も校長をされた方でした」
「あの時代は天下の牧中と言ってね，全部の部活で優勝するほどでしたよ」
「今も部活は活発で，結構いい成績なんです」

　さりげない会話ですが，「地域の学校」としての存在を意識したり，地域の方が学校を見守り応援してくださっていることを実感したりすることができました。

☑ 校長が学校外に出かける＝広報活動

　私は，あるときから，校長が学校外に出かけることは広報活動と同じことだと考えるようになりました。

　例えば，「中学生が道いっぱいに広がって登校している。指導せよ」といった苦情は，どこの中学校にも届くでしょう。私が実際にその通学路に出かけてみると，「校長先生が立っていた。言ってみるものだ」という声が耳に入りました。「君たちが道いっぱいに広がっているから，地域の方が迷惑しておられます。もっと道の脇に寄りましょう」という声を生徒にかけたこともあります。

　学校がこうして動いているということを，積極的に地域に知らせる必要があるのです。

☑ 特技を生かした広報活動

　私は，大学時代に落語研究会に所属していたことから，落語を演じることができます。このことがいつしか校区に知られることになり，校区の催し物で落語出演依頼を受けることが増えました。

　その機会を利用して，落語に入る前のまくらで，四方山話として，現在の学校のことを積極的に話しました。例えば，授業でコンピュータを使っていることを話します。聴き手の年齢から考えると，興味をもっていただけそうにないと思う話題でも，話してみると予想と違います。地域の方は学校のことを知りたがっておられるのです。

心得48
「校長は学校の顔である」ことを意識しよう。
学校外に出かけること＝広報活動ととらえるべき。
自分の特技を広報活動に生かすことも一計。

8 集会講話（1月ごろ）

一所懸命と一緒懸命

（下の「一所懸命」と「一緒懸命」という文字を示してから話し始めます）

```
一所懸命    一緒懸命
```

　3年生は残る登校日が30日余り，1・2年生も40日余りとなりました。学年の最後を迎えるこの時期に，心しておいてほしい話をします。

　「一所懸命」という言葉がありますね。この「一所懸命」という言葉は，武士が先祖伝来の土地（所）を命がけで守ったことから生まれた言葉ですが，この言葉をもじった「一緒懸命」という言葉をみなさんに紹介します。

　この時期，皆さんには「一緒」という言葉を特に大切にしてほしいのです。1年生はあさってから「スキーの生活」に出かけますが，「みんなで一緒にがんばる」というこの「一緒懸命」という言葉を心に置いてほしいのです。

　2・3年生も，年度の終わりに向かって，学級の仲間一人ひとりを大切にして，「一緒になってすばらしい学級をつくり上げる」という気持ちを強くもってほしいと思うのです。

　各学級が一丸となって，有終の美を飾ってほしいという思いを込めて，今日はお話をしました。

　なお，念のために言っておきますが，「一緒懸命」は当て字です。試験で書くとバツになりますので注意してください。

第9章
学校経営力を高める校長の修養術

　「法律に定める学校の教員は，自己の崇高な使命を深く自覚し，絶えず研究と修養に励み，その職責の遂行に努めなければならない」
　これは教育基本法第九条の条文です。国語の授業名人である野口芳宏先生は，「『○○研究会』という言葉はよく耳にするが，『○○修養会』という言葉は聞いたことがない。人間力を高めるためには意図的に修養も行うべきだ」と言われています。
　本章では，私自身の修養術を示しました。校外の方との交流から学校経営のヒントを得ることは結構多いものです。

第9章 学校経営力を高める校長の修養術

49 同職と悩みを共有する研究会を立ち上げる

校長の立場でも自主的に研究会に所属することは大切。
同職の仲間と悩みを共有する研究会を立ち上げる。
同職以外にも研究会の輪を広げていく。

☑ 職員には学べと言うけれど…

　何かの研究会に所属しているでしょうか。研究会といっても，校長会組織上で配属される会ではありません。自主的に加入している研究会です。
　残念なことに，そうした研究会に所属している校長は多くありません。こういった現状では，**「校長は職員には学べと言うが，自らは学ばない」**といった陰口が聞かれるのも，ある意味では致し方ないことです。
　市内校長の集まりがあっても，事務的な連絡事項の伝達で終わってしまう会議が多いのではないでしょうか。校長は孤独な職です。だからこそ，同職で集まり，知恵を出し合い，改善に向けて話し合うことが大切なのです。そのような機会が生まれる場が，研究会なのです。

☑ 「学校評価研究会」を立ち上げる

　研究会にまつわる体験談を紹介します。
　「自己評価」を公表しなければならなくなり，「我が校はどのように実施し，公表しようか…」と悩みました。
　頼りになるのは同職の友人，知人です。各地の校長に率直に自分の悩みを聞いてもらいました。予想通り，どの校長も同様の悩みを抱えていたのです。

1人で悩んでいてもよい知恵は浮かばないので、仲間で**「学校評価研究会」**を立ち上げることにしました。6人の校長がメンバーになりました。そして、保護者アンケートをICTで行うことを視野にいれて、コンピュータソフト会社に声をかけて協力してもらうことにしました。

　2か月に一度の研究会ですが、**同様の課題を抱えているので、いつも質の高い話し合いができる**のです。学校評価とは違う話題も出て、学校経営全般について学ぶことができる刺激的な研究会に成長しました。また、ICTを活用したこれまでにないアンケートシステムの開発も手がけました。

☑「愛される学校づくり研究会」に発展

　学校評価研究会で一定の成果を上げた後も、研究会を続けることにしました。ただし、学校経営にかかわる様々なテーマを扱うことにし、名称を**「愛される学校づくり研究会」**としました。

　現在では、校長のみならず、教頭、指導主事、教諭、会社経営者、そしてなんと研究会に興味をもった保護者も参加する会となりました。

　年度ごとにテーマを決めて研究しているのですが、大人数になったこともあり、以前のようにすぐに考えがまとまることはありません。意見も多岐にわたります。その中での学びはとても大きなものがあります。メーリングリストによる意見交流も大切な学びの場となっています。

　繰り返しますが、校長は孤独です。しかし孤立してはいけません。そのためにも、同職で気軽に悩みを打ち明け合い、相談できる仲間を持つべきです。研究会への所属はこの可能性を大きく広げるものです。

心得49
職員に学べと言うならば、校長自身も自己研鑽に励もう。
同職と悩みを共有する研究会の立ち上げは有効。
校長は孤独だが、孤立してはいけない。

第9章 学校経営力を高める校長の修養術

50 異業種の方から学ぶ

校長は特に「修養」に努める必要がある。
異業種の方との交流に積極的に参加する。
こちらからも異業種の方と交わる機会をつくる。

☑ 校長は特に「修養」に努める

　教育基本法第9条には,「法律に定める学校の教員は,自己の崇高な使命を深く自覚し,絶えず研究と修養に励み,その職責の遂行に努めなければならない」と書いてあります。

　国語授業名人の野口芳宏先生は,「教育界では『研究』という言葉はよく耳にするが,『修養』という言葉を聞くことはめったにない。『研修』という言葉は,研究と修養を合わせた言葉なのだから,もっと修養に励まなくてはいけない」と言われます。私も同感です。

　修養とは,知識を高め,品性を磨き,自己の人格形成に努めることです。校長として自らの襟を正し,進んで修養に励みましょう。

☑ 異業種の方との交流

　修養の手だての1つとして有効なのが,**異業種の方との交流**です。校長という立場にあると,他の業界の方と懇親を図る場へのお誘いがあるはずです。億劫がらず,こういった場に進んで出席することをおすすめします。

　異業種の方との懇談では,自分の無知を実感したり,新たなことを知る喜びを感じたりすることができるはずです。学校経営上のヒントを得ることも

できます。逆に，学校の実態を知っていただき，学校経営への理解を得ることもできます。

☑ 地域の会社経営者に取材をする

こちらから積極的に異業種の方と交わったことがあります。それは，学校ホームページコンテンツ**「未来の大人たちへ」**を立ち上げることから始まりました。

このコンテンツは，キャリア教育の一環として考えました。地域で会社経営をしている方にインタビューをして，その内容を記事としてアップしたのです。

人としてのあり方，社会で役立つ学び方，夢の実現の方法など，今，中学生にぜひ伝えておきたいアドバイスを語っていただきました。

取材には，若い職員，地域コーディネーターさんと一緒に出かけました。若い職員を連れて行くのは，もちろん意図的です。**機会をつくらなければ，地域の方や異業種の方と交わる機会がない**からです。

「未来の大人たちへ」の取材で一番得をしたのは，校長である私だったと思います。

インタビュー後の時間には，発展経営のためのポイントや人材育成のコツなどの話を聞くことができて，私にはそれが至福の時間でした。やはり校長は異業種の方から学ぶべきです。

心得 50 校長は特に「修養」に努める必要がある。
異業種の方との交流はその格好の場。
会社経営者の話から学校経営のヒントを得よう。

第9章
学校経営力を高める
校長の修養術

51 地域事業に参加する

地域の方々との交流から学ぶ。
地域事業で自分のキャリアを生かす。
立場を離れるからこそ，教育の原点に気づかされる。

☑ 地域の方々との交流

　校長が多忙な職であることは間違いありませんが，地域の方々と交わる時間は生み出したいものです。

　実は，私自身は校長就任時からこのように考えていたわけではありません。転機は地元児童館の建設と運営検討にかかわったときに訪れました。

　毎月2時間ほどとはいえ，貴重な休日の時間が検討会にとられてしまうことは何とも言い難いものでした。校長という立場上，会の進行も仰せつかりました。老若男女から意見を聞きながら，行政も納得できるような結論に落ち着くようまとめていくのは本当に大変な仕事でした。

　そんな検討会は3年間ほど続きましたが，終わってみての所感は，上述のように，**校長はやはり地域，できれば自分の地元の方々と交わるべき**だということでした。

　検討会への出席者は，すべてボランティアでした。みなさん，自分の時間を地域のために惜しみなく提供されています。その地域の子どもたちが健やかに育つために，子育てを支援する素敵な施設にするために，熱心に考えてくださいました。中・高生や大学生の参加もありました。自分たちが集う施設をつくり，自分たちの考えが運営に反映されるのですから，真剣にならざ

るを得ません。

　こういった方々と同じ時間を過ごし，意見交流を続ける中で，私自身は生涯学習について深く考えることができました。校長として，教育者の1人として，実によい学びをさせてもらったことに気づいたのです。

☑ 児童館にかかわり続ける

　検討会は終了しましたが，いったん人と人とが結びつくと，そのまま解散とはならないものです。検討会にかかわった者が中心となって，「児童館サポーター会」を立ち上げようという話が上がり，私にも参加要請がありました。校長職は，土日や平日の夜も何かしら所用が入るので躊躇しましたが，「できることを無理なく行う精神で参加します」と表明しました。そこで，自分のキャリアが生かせるものでかかわろうと考え，「算数・数学講座」と「こども落語講座」を年数回行うことにしました。

　地域の子どもたちとかかわるのもよいものです。地元の子どもにとって，私は校長先生ではなく，地域のおじさんです。わからない説明には「わかりません」と遠慮なく言います。ほめることで子どもとの距離が近くなることも，改めて実感できました。よい課題や適切な課題を与えれば，子どもたちはしっかり応えてくれます。**立場を離れるからこそ，教育の原点に気づかされることがある**ということです。こうした学びができたのも，当初は躊躇しながらも，地域の方々とかかわりをもとうと決断したからです。

　「学び続ける者のみ教える権利あり」という言葉がありますが，地域の方々との交流も重要な学びの場であると認識しておきたいものです。

心得51

地域の方々との交流から学ぶことは多い。
まずはかかわりをもつという意識をもとう。
校長の立場を離れるからこそ気づかされることがある。

第9章 学校経営力を高める校長の修養術

52 趣味を深める，生かす

学校のことを忘れられる趣味をもつ。
趣味は人生を広げる場。
趣味が思わぬ形で仕事に生きることもある。

☑ 学校のことを忘れられる世界

　皆さんは趣味をおもちでしょうか。こんなに忙しくては趣味どころではないと思われる方も多いでしょう。気持ちはよくわかりますが，**学校からすっかり離れた世界や時間をもつことは，ストレスが多い校長には絶対必要なこと**です。趣味の内容は問いません。それにかかわっているときに，学校のことを忘れられればよいのです。

☑ 落語との出会い

　私は小学生のときに落語を知り，高校生のときに故・桂米朝の落語を生で聴いて以来，落語にはまりました。
　当初は落語を聴くことが趣味でしたが，大学で落語研究会に入り，落語を演じることも趣味の１つになりました。教員になってからは，地元でプロの落語家を呼んで開催する地域落語の世話人になり，落語とつながり続けています。おかげで，多くのプロの落語家と知り合うことができました。楽屋で落語

家さんから語芸の話を聞いていると、時が経つのも忘れます。**話すことを生業としている方たちなので、芸談を語る際にも話術を駆使されます。**

☑ 落語鑑賞のすすめ

新任校長はよく、「あいさつする機会が多くて大変だ」と言われます。地域での学校代表としてのあいさつなどは、緊張感もあります。

そこで、ぜひ落語をお聴きになることをすすめます。**落語は、話術を磨いたり、ちょっとした笑いのあるネタを収集したりするのに最適**です。特に、落語のまくら（本題に入る前に観客を和ませる小噺）を聞くとよいでしょう。落語家は、まくらで世の中のことをネタにし、笑いを生み出していきます。

校長ですから、下品な笑いは禁物です。知的な笑いがいいでしょう。次に示す小噺は、その一例です。PTAの前で、一度披露してみてください。

> 英語の授業を見ていたときのことです。先生が生徒に「PTAというのは、何の略か知っているか？」と聞きました。生徒は答えました。
> 「Pはペアレント」「その通り。ではTは？」「Tはティーチャー」
> 「そうそう。では、Aは？」
> ちょっと考えたあと、その生徒が答えたのは、
> （少し間をおいて）「集まって…」
> おもしろい生徒でしょう。でも本質をついています。保護者と先生が一緒に集まって行うことにPTA活動の意義があるのですから。

学校のことを忘れられる趣味をもとう。
趣味は人と人とのつながりを生み出す。
その趣味が仕事において生かされることもある。

使える校長講話

⑨ 集会講話（3月ごろ）

3.11追悼「伝える・受け止める」

　生徒会役員の退任あいさつを聞きながら，それぞれの人が様々な苦労をしながら，精一杯がんばったのだなと思いました。あのあいさつを受けて皆さんに考えてほしいのは，役員に限らず，まわりの人たちの気持ちや取り組みを「受け止める」ことができているかということです。
　例えば，短学活で友だちの話をきっちり受け止めていますか。授業で友だちの発言をしっかりと受け止めていますか。「『伝える』側の立場になって，その思いに応えるために真摯に受け止めることをしてきたか」という振り返りを全校でしたいと思います。
　○年前の今日，東日本では大震災が発生しました。津波の恐ろしさは，映像で何度も見ているでしょうから，十分過ぎるほどわかっていると思います。
　被災地におられる人たちは，今の悲しさを，今の苦しさを，一生懸命に伝えようとしています。私たちはその思いをしっかりと受け止めようとしているでしょうか。
　「自分1人で何ができるだろうか」と思っている人もいるでしょう。しかし，まずは被災地で苦労しておられる方々の思いを受け止めることです。新聞やテレビなどを通して，伝えようとしていることを知ることです。
　先日3月9日は，宮城県名取市閖上地区で絵灯篭に明かりをともし，亡くなられた方々を追悼する式が開催されました。灯篭の絵の一部は，皆さんがかいたものです。被災地の皆さんの思いを受け止めてくれたことをうれしく思います。
　生徒会役員の皆さんは，「伝える」「受け止める」，双方ができてこそ，よりよい集団となることを，半年間の大変だった日々を思い出しながら語ってくれました。その思いをしっかり受け止めましょう。

第10章
校長実務の必需品

「人生の半分は探し物をしている」
これはジャーナリストである大宅壮一さんが残した言葉です。
皆さんはいかがでしょうか。「あの資料，どこにいったかな…」とファイルや机の中をひっくり返して探すことはありませんか。
探し物を減らすためには，一定のルールにしたがっての整理・整頓が大切です。ここでは，ICT機器の活用も視野に入れた効果的な探し物減少方法などを紹介します。

Chapter 10

第10章
校長実務の必需品

53 時系列で書類を保管する封筒

 簡単な方法だからこそ長続きする。
使用済みのＡ４判封筒を有効活用する。
長く手にしていない書類は封筒ごと処分する。

☑ 簡単で長続きする整理法

　1993年に発刊された書籍『「超」整理法』（野口悠紀雄著，中央公論社）をお読みになったことがあるでしょうか。
　この書籍で紹介されている**「時間軸検索」**という発想で行う整理法を始めて，すでに20年ほど経っています。だれもができる簡単な整理法で，自分でも長続きしているので，胸を張っておすすめできる方法です。

☑ Ａ４判封筒を使って時系列で保管する

簡単に方法を紹介しておきます。
❶Ａ４判封筒を集める
　学校には，使用済みのＡ４判封筒がたくさんあるはずです。もし，破棄されてしまっているときは，事務に保管してもらうように依頼しておくと，１，２週間でかなりの数が集まると思います。
❷封筒の大きさをそろえる
　Ａ４文書の縦幅より少し長くなるように，つまり封筒の中にＡ４文書がすっぽり入ってしまう高さに，封筒の大きさを切り整えます。

❸**インデックスを書く枠を印刷する**

右図のようにインデックスを書く枠を印刷します（必ずしも必要ではありません）。一番上には「年度」，真ん中には「月」，一番下には，「文書タイトル」を記入します。

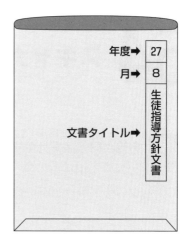

❹**時系列に並べる**

あとは，封筒に文書を入れて時系列に並べるだけです。例えば，平成27年4月5日に「学校経営方針」の文書を配付したとします。封筒インデックスに「27／4／学校経営方針」と記入し，文書を入れてラックの左端に立てます。同年4月6日に「校区内信号機設置図」が配付されたすると，封筒インデックスには「27／4／校区内信号機設置図」と書き込み，先に置いた封筒の右に並べます。

このルールを徹底することで，左から時系列で文書が並ぶことになります。封筒を書類のジャンルで並べ替えたりしてはいけません。そのうちに**必ずジャンル分けが微妙なものが出てくる**からです。

「探している文書は，この文書より先に保存したはず」「いや，後に保存したはず」といった程度のことは思い出すことができ，目当ての文書をより早く取り出すことができます。3年も手にしていない封筒があれば，その中に入っているのはそれ以後も必要とすることはない文書なので，封筒ごと処分すればよいのです。

心得53 だれもができるような簡単な方法だからこそ長続きする。
廃棄される封筒を有効に活用しよう。
時系列で保管することで，捨て時も判断しやすくなる。

第10章 校長実務の必需品

54 スキャナー＋クラウドサービス

 封筒と同じ時系列の文書保管をスキャナーで行う。
デジタル化するべきでない文書に注意する。
クラウドサービスの利用で仕事の利便性が上がる。

☑ 文書をデジタル保存する

　ここで紹介するのは，前項と同じ時系列による書類の保管方法です。
　ただし，この方法では文書をデジタル保存するので，機器が必要になります。コンピュータとスキャナーです。スキャナーは，文書を連続して読み込み，デジタル化できる右のようなタイプのものです。

　このタイプのスキャナーを購入してから，10年以上経っていますが，とても重宝しています。校長室の机の隅に置き，コンピュータと常に接続しておきます。最近の機種の中には，無線でつながるものもあります。
　紙の文書はこのスキャナーを使って，PDFファイルとしてコンピュータに保存します。また，**保存状況を確認した後，紙の文書は破棄する**ことにしていました。
　デジタル保存される際には，保存した年月日も同時に記録されます。つまり，前項で述べた整理法と同じことができるのです。

したがって，**紙のまま保管する文書はごく限られたもので，「校長会」「PTA」「生徒指導」「名簿」の４種類のみ**です。
　校長会の文書は，後任の校長に引き継ぐ際に，現物をそのまま渡した方がその人にとって便利だと考えたからです。相手が同じデジタル環境で仕事をしているかどうかわからず，**あまりにもデジタル化した状態で引き継ぐことは，大きなストレスを与えてしまう**かもしれないからです。
　あとの３種類は，**氏名，住所，電話番号をはじめ，個人情報が満載だから**です。不用意にデジタル化してしまうと，何かの手違いで流出させてしまうことがないとは限りません。こうしたファイルは，校長机の鍵がかかる引き出しに保管します。

☑ クラウド上でデジタル文書を保管する

　ネット環境は日に日に進化しています。クラウドサービスも，多種多様になってきました。その中の１つにEVERNOTEというサービスがあります。私はこれを利用して，デジタル化した文書をすべてクラウド上で保存できるように設定してきました。
　この方法のよさは，**校長室のものに限らず，どのコンピュータからもデジタル化した文書を検索したり，読んだりすることができる**ことです。もちろん，パスワード設定がしてあるので，自分しか閲覧できません。
　このサービスは，出かけることが多い校長にはとても重宝するものです。**家庭や出張先でも，文書確認が必要になるときがある**からです。一度経験してみると，だれもがよさを実感できるはずです。

心得54 文書はデジタル化して保存し，時系列で管理しよう。
デジタル化すべきでない文書には注意が必要。
クラウドサービスの利用で，校長の仕事の利便性はさらに高まる。

第10章
校長実務の必需品

55　3台の電子辞書

 電子辞書は利便性の高いツール。
便利な道具は複数使いをする。
よい道具は積極的に実務に活用する。

☑ 電子辞書の利便性の高さ

　私が校長机に必ず置いていたのが，電子辞書です。電子辞書について説明は必要ないでしょう。電子辞書には様々な辞典が入っていますが，私が使うのは，国語辞典と漢和辞典がほとんどでした。

　1日に何度となく電子辞書を活用します。**校長は結構な頻度で文章を書く機会があり，文書点検をする機会も多い**と思います。その際に欠かせないのが電子辞書です。紙の辞書を否定はしませんが，校長机に常備しておくには，コンパクトな電子辞書が便利です。

　手元にコンピュータがあり，電子辞書がなくても，ネット検索で用が足りるという方もおられるでしょう。私も一時期はそのように思っていました。しかし，文書作成中に言葉の意味や類義語などを確かめたくなったときに，別ウィンドウを開いて検索するのは非効率的だとわかりました。電子辞書は開いた瞬間に単語入力ができ，検索ができます。ネット検索はこの便利さに勝てないというのが実感です。

　10年以上活用していますが，メンテナンスは必要ありません。ときどき電池を交換するだけです。白黒画面ですが，それで十分です。カラー画面ではないために困ったということは一度もありません。

☑ 家庭にも鞄の中にも電子辞書

　私は，家で仕事をするときの机にも電子辞書を置いています。鞄の中にも電子辞書を入れています。それほど電子辞書が重宝するということです。

　はじめは，１台の電子辞書を持ち歩いていました。学校に行けば校長机の上に置き，家に戻れば書斎の机の上に置く。出張先などでも電子辞書を活用することは結構な頻度でありました。

　ところが，ついどこかに忘れてしまうのです。校長室に入ったとたん，「あっ，電子辞書を家に忘れてきた」と何度思ったことでしょう。校長室書棚にある辞書を使えばよいのですが，**いすから立って辞典を手にとることだけでも億劫**なのです。そのため，電子辞書があればすぐに調べていた言葉も，つい「これでよかったはず…」という曖昧な判断で終わりにしてしまいます。

　考えてみれば，電子辞書は安いものです。それぞれの場所に置いておけばいいということに気づき，さっそく追加購入したことを覚えています。

☑ スマートフォンの活用

　スマートフォンのアプリとして，多くの辞書があるようです。私自身はスマートフォンをようやく持ち始めたところで，辞書アプリ活用の経験はありません。読者の中には，電子辞書より辞書アプリ活用の方が便利だという方もいらっしゃることでしょう。情報機器はどんどん進化しています。校長も積極的に実務に活用すべきだと思います。強調しておきたいのは，どのような道具でも，**持つだけでなく，使わなくては意味がない**ということです。

心得 55　電子辞書は，ちょっとした疑問を手軽に解消できる便利ツール。
便利な道具は複数使いでいつも身近に置いておこう。
どんな道具も，持つだけでなく使ってこそ価値が出る。

第10章　校長実務の必需品

使える校長講話

10　卒業式式辞（3月）

ABCDの原則と命を大切に

　樹木や草花の生命力を目の当たりにする季節になってきました。本格的な春は，もうすぐそこです。このよき日に，多数のご来賓の皆様，並びに保護者の皆様のご臨席を賜り，ここに第〇回卒業証書授与式を盛大に挙行できますことを，心より厚く御礼申し上げます。

　さて，〇名の卒業生の皆さん，卒業おめでとう。皆さんは，今，どのようなことを思い出していますか。3年間の様々な日々が次から次へよみがえっていることと思います。今あなたたちが感じている心の震えは，3年間，何事にも真剣に取り組んできた証です。歴史と伝統があるこの中学校の卒業生として，今日の日を立派に迎えてくれたことを心からうれしく思います。

　あなたたちは，修学旅行でこれまでにない取り組みをしました。班別見学先に大使館などの国際機関を入れたことです。言うまでもありませんが，どの国も単独で国を維持・発展させていくことはできない時代です。国と国が互いに協調関係を保ち，依存しあうことができるかどうかが，それぞれの国民の今後の幸せを握っていると言う方もいます。

　「依存し合う」という言葉を聞いて，日頃の授業のことを思い出しませんか。本校では，「鍛える　学び合う学び」と称して，「わからないことはわからない」と素直に表現し，互いに知恵を出し合うことを進めてきました。君たちはこれから新しい世界に踏み出すわけですが，この依存できる力は，実はとても大切な力なのだということを，卒業する今，改めて伝えたいと思います。依存できる人は孤立しません。どのような困難があろうとも，この中学校で培った学びのスタイルを生かし，仲間とともに助け合い，未来を切り開いていってほしいと思います。

　また，私は折に触れて「ABCDの原則」の大切さを君たちに話してきました。「A＝あたりまえのことを　B＝バカにせず　C＝ちゃんとやれる人

こそ D＝できる人」。自分自身，この「ABCDの原則」は人生を重ねれば重ねるほど，人として一番大切なことだと強く思うようになっています。

　先日，君たちが受けた授業「すてきな大人になろう～自立ってなんだろう～」という感想の中に，「すてきな大人になるには，当たり前のことをしっかりやってまわりの人と助け合っていくということが大切だと思いました」とか，「ABCDの原則はこれから生きていくうえで，とても大切なものになると思いました」と書いた人がいました。まさにその通りなのです。

　今年度は，「命を実感するプロジェクト」を始めて，2年目になりました。消防署の皆さんの多大なご協力があって実現した救命講習を思い出してください。日々，命と向き合っておられる救命士の皆さんの重みのある一言一言は，こうしてごく普通に生きていることを，深く考える機会となったのではないでしょうか。

　秋の日，市民会館で，全校で鑑賞した映画『四つの空』を思い出してください。その中に登場した鈴木さんは，お子さんを小児がんで亡くされて人生が変わりました。君たちが2年生のときには，ご自身のとても悲しい出来事を赤裸々に語り，生きていることの意味を問いかけ，講演でも映画の中でも，激しい口調で「親より先に死んではいけない」と，皆さんに伝えられました。

　これからの長い人生の中で，苦しくて逃げ出したくなることもあるでしょう。しかし，「命を実感するプロジェクト」で体験し学んだ数々の事柄が，みなさんの人生の中で辛いとき，必ずや支えとなると信じています。

　卒業生の皆さんはもちろん，在校生の皆さんにも，こういう節目に感じてもらいたいことがあります。それは家族の愛情です。あなた方の成長を喜び，歩みを温かく見守ってくださる家族があってこそ，今のあなた方があるのです。また，安心して暮らすことができるよう，社会を支えてくださる多くの皆さんがいらっしゃることも忘れないでください。

　最後になりましたが，保護者の皆様には本校の教育に温かいご理解とご支援を賜りましたこと，厚く御礼申し上げます。ご来賓の皆様には今後とも変わらぬご厚情を賜りますようお願い申し上げまして，私の式辞といたします。

おわりに

「校長は孤独だ」

　校長であれば，だれもがこのような気持ちになることがあるでしょう。校長は，学校の最終責任者として，あらゆる事柄の最後の判断をしなくてはいけません。しかも，1人で決断しなければなりません。まさに孤独です。
　校長室で独り，様々なことをシミュレーションしながら，腹を決めなければならないことが必ずあるはずです。だからこそ，校長だけは「校長室」という1人になれる場所が与えられているのだという方もおられます。私も6年間の校長経験の中で，胃の痛みを感じながら，何度最終判断を下したことでしょう。思い出したくないことがいくつもあります。

「校長は孤独だ。しかし孤立してはならない」

　この言葉をお聞きになったことがあるでしょうか。
　「孤立してはならない」という言葉の意味は，様々に受け取ることができます。1つは教職員から離れた存在であってはならないということでしょう。また，ある判断をする際には，他の校長や教育委員会にも相談したうえで判断するとよいということでしょう。
　私は，校長としての仕事を進めるうえでも，「孤立してはならない」と思うのです。校長を数年経験すれば，仕事のコツ，失敗しないためのノウハウの1つや2つは会得するはずです。しかし，残念なことですが，こうしたノウハウを校長同士でなかなか交流できないのが現実です。仕事術においても孤独なのです。

本書は，自己の数々の経験をもとに，校長としての日々の仕事を進めるうえで参考にしていただけるに違いないと考えた事柄を，55に絞り，書き記しました。
　「校長机に常時置かれる書籍にしたい」「何度も目を通していただける書籍にしたい」という願いをしっかり込めたつもりですが，いかがだったでしょうか。私の願いが少しでも叶うようであれば幸いです。

　今回も明治図書の矢口郁雄さんのおかげで，書籍を世に出すことができました。矢口さんには，『スペシャリスト直伝！　中学校数学科授業成功の極意』以来，『主任から校長まで　学校を元気にするチームリーダーの仕事術』に至るまで，私の単著，編著をこれまで12冊も発刊していただいています。どの書籍も幸い好評であるとのことです。これは，読者のニーズをしっかりとらえた矢口さんの企画力であることはもちろん，読みやすく，わかりやすい書籍として編集していただいているおかげです。この書籍も自信をもっておすすめできる本となりました。

　校長職はますます重責となりつつありますが，学校づくりは実に楽しいものです。健康に留意され，思う存分に力を発揮し，校長職を全うされることをお祈りしております。

2016年1月

玉置　崇

【著者紹介】

玉置　崇（たまおき　たかし）

1956年生まれ。公立小中学校教諭，国立大学附属中学校教官，中学校教頭，校長，県教育委員会主査，教育事務所長などを経て，平成24年度から3年間，愛知県小牧市立小牧中学校長。平成27年度より岐阜聖徳学園大学教授。
文部科学省「教育の情報化に関する手引作成検討会」構成員，「学校教育の情報化に関する懇談会」委員，中央教育審議会専門委員を歴任。
著書に『スペシャリスト直伝！　中学校数学科授業成功の極意』（明治図書，単著），『わかる！楽しい！　中学校数学授業のネタ100　1～3年』（明治図書，編著），『中学1～3年の学級づくり　365日の仕事術&アイデア事典』（明治図書，編著），『主任から校長まで　学校を元気にするチームリーダーの仕事術』（明治図書，単著），『「愛される学校」の作り方』（プラネクサス，共著），『思いを届ける学校ホームページ』（プラネクサス，共著）など，多数。

実務が必ずうまくいく
中学校長の仕事術　55の心得

2016年1月初版第1刷刊	©著　者　玉　置　　　崇
	発行者　藤　原　光　政
	発行所　明治図書出版株式会社
	http://www.meijitosho.co.jp
	（企画）矢口郁雄（校正）大内奈々子
	〒114-0023　東京都北区滝野川7-46-1
	振替00160-5-151318　電話03(5907)6701
	ご注文窓口　電話03(5907)6668
＊検印省略	組版所　長野印刷商工株式会社

本書の無断コピーは，著作権・出版権にふれます。ご注意ください。

Printed in Japan　　　　　　　　　ISBN978-4-18-196710-9
もれなくクーポンがもらえる！読者アンケートはこちらから →

実務が必ずうまくいく 研究主任の55の心得

藤本 邦昭 著
Fujimoto Kuniaki

A5判／132頁
1,760円+税
図書番号：1745

校内研修の計画書づくりから、研究授業、研究発表会のプロデュース、職員の負担感の軽減まで、研究主任業務の表も裏も知り尽くした著者が明かす、実務の勘所と必ず役に立つ仕事術。若葉マークの研究主任も、この1冊さえあればこわいものなし！

実務が必ずうまくいく 教務主任の55の心得

佐藤 幸司 著
Sato Koji

A5判／128頁
1,800円+税
図書番号：0150

必ず覚えておきたい法規の基礎知識から、教育課程を円滑に編成するためのステップ、知っているだけで仕事が数段楽になるPC活用法まで、現役スーパー教務主任が明かす実務の勘所と必ず役に立つ仕事術。若葉マークの教務主任も、これさえあればこわいものなし！

明治図書　携帯・スマートフォンからは **明治図書ONLINEへ**　書籍の検索、注文ができます。▶▶▶
http://www.meijitosho.co.jp　＊併記4桁の図書番号（英数字）でHP、携帯での検索・注文が簡単に行えます。
〒114-0023　東京都北区滝野川7-46-1　ご注文窓口　TEL 03-5907-6668　FAX 050-3156-2790

＊価格は全て本体価格表示です。